早稲田教育ブックレット No. 12

若者の貧困と学校

表紙写真提供：NPO 法人さいたまユースサポートネット代表理事　青砥　恭
写真左：NPO 法人での農作業風景
写真右：同、学習支援教室風景

はじめに

最近、ゼミで合宿やコンパなどのイベントを企画しようと思っても、この日はバイトのため、都合が悪いという学生が増えてきています。大学のゼミよりもバイトの方が優先なのかと、担当教師としては、もの寂しさを感じていました。ただ、今回の「若者の貧困と学校」のシンポジウムを拝聴させていただいてからは、現在の大学生が直面している問題の深刻さに気づかされ、自分自身の不明を恥じました。

それほどまでに、現在の大学生、とりわけ私大生は、経済的に厳しい状況にあり、奨学金に頼らざるを得ないこと、またバイトをすれば、バイトリーダーとして責任のある立場を任され、授業に出席ができないほどに働かせられ、定期試験前においても休めない状況にあることを認識させられました。

日本においては、社会構造が急激に変動し少子高齢化が進行する中で、社会保障費の増大が財政赤字を急激に増加させ、一方で若者の貧困は現在、深刻な状況にあるといえます。

そうした問題の深刻さに鑑み、早稲田大学教育総合研究所では、「若者の貧困と学校」に関するシンポジウムを開催しました。本シンポジウムは、二〇一二年に開催された教育総合研究所主催の「子どもの貧困と教育」の問題意識を継承するものでもありました。

当日の講師としては、大内裕和（中京大学国際教養学部教授）、青砥恭（NPO法人さいたまユースサポートネット代表理事）、菊地栄治（早稲田大学教育・総合科学学術院教授）、以上の各氏をゲストとしてお招きしました。それぞれに、若者の貧困と教育に関わって、地道に活動に取り組んで来られた極めて豊富な経験をお持ちのパネリストです。

パネリストの報告を聞きながら、多くのことを学びました。奨学金が教育ローンとなっており、大学卒業とともに卒業生の肩に重くのしかかっていること、高校中退の実情の深刻さ、その一方でNPOが立ち上げられ地道な活動が行われていること、公立高校での若者へのエンパワメントに向けての取り組みがあることなどなど。若者の貧困という現実の深刻さを再認識させられるとともに、一筋の光明を見出しえるような講演会であったと思います。

当日、学生、院生、一般（教員）を含めて、多くの方々の参加を得ることができました。フロアからの活発な質問に触発されて議論が深まったことは、ありがたいことです。

本シンポジウムの開催にあたっては、企画に関して、油布佐和子先生（早稲田大学教育・総合科学学術院教授）に御世話になりました。油布先生のご提案なくして、今回のシンポジウムは実現できませんでした。そして、何よりも「若者の貧困と学校」についてのシンポジウムの企画・開催を後押ししてくださった教育総合研究所の堀誠所長に、心から感謝したいと思います。またシンポジウムの運営に当たっては職員の方々に助けて頂きましたし、教育総合研究所・平山雄大助手の献身的な努力で、こうしたブックレットとして出版することができました。

本ブックレットが、将来に向けて若者の貧困の問題を多くの方々に知って頂くための、一助になることができれば幸いです。そして、若者に希望を与えることができる社会を築くことを、心から願っています。

最後に関係者の皆様に、改めて感謝申しあげます。ありがとうございました。

二〇一五年一月十日

早稲田大学教育・総合科学学術院教授　小林敦子

講演趣旨説明

早稲田大学教育・総合科学学術院教授　小林　敦子

小林：皆さん、こんにちは。教育・総合科学学術院の小林です。私から、本日の講演会でこの問題を取り上げるに至った経緯について簡単にご説明させていただきたいと思います。

まず一点目ですが、世代間の格差が広がる中で、子ども、若者の貧困が非常に深刻化しているということがあります。かつて日本は「一億総中流」といわれ、格差が非常に少ないということを特徴としてきた社会でした。しかしながら高齢化率が二五パーセントに達し、少子高齢化が進行していく中で、子ども、若者が貧困状態に置かれている状況が出てきています。たとえば日本の子どもの相対的な貧困率に関しては、ＯＥＣＤ諸国の中で極めて高い水準にあるということが指摘され、子どもの相対的な貧困率がとどまることを知らず、上昇しているということが問題視されています。こういった社会状況を踏まえて、二〇一二年に、早稲田大学教育総合研究所で「子どもの貧困と教育」というテーマのシンポジウムを開催させていただきました。今回のシンポジウムは、このような問題意識を継承するものです。

二点目として、若者の貧困問題を取り上げた社会的な背景として「奨学金」があります。早稲田大学の多くの学生も奨学金を受給しているのですが、この奨学金が、大学卒業後に卒業生を苦しめています。

日本では、高等教育段階において公的な国家の財政支出が不十分で、私的支出に頼らざるを得ません。具体的にいいますと、ヨーロッパなどに比べると私学（私立大学）が非常に多く、また私学の学費が非常に高いという状況があります。そのために日本では奨学金があるわけです。しかしながら現在、日本学生支援機構の奨学金が残念ながら教育ローンとなってしまっているといった現実があります。早稲田大学の学生でも、教育ローンである有利子の奨学金を受給している学生は少なくありません。将来、彼らが卒業した後、奨学金の返済が負担になることが考えられます。

次に三点目としてブラックバイトがあげられます。この「ブラックバイト」という用語ですが、本日の講演者でいらっしゃる大内先生がつくられた言葉なのですが、このブラックバイトが非常に増加しています。高い私学の学費を支払うために学生たちがバイトに従事せざるを得ないのですが、そのなかで労働時間に見合った給与が支払われない、あるいは人権無視のような職場で働かざるを得ないということもあります。

以上のような三つの社会的な背景のなかで、若者にとって希望が抱けない状況が生まれています。こういった閉塞的な状況において、いかにして若者は希望をもつことができるようになるのでしょうか。そのために学校は何ができるのでしょうか。そういった問題についてこの講演会を通じて考えたいと思い、企画をさせていただきました。

次に本日の講師の先生方をご紹介したいと思います。全国各地で活躍されていらっしゃる、大変すばらしい先生方をお迎えすることができました。

まず一人目ですが、大内裕和先生です。大内裕和先生は、中京大学国際教養学部の教授でいらっしゃいまして、ご専門は教育社会学です。奨学金問題、あるいはブラックバイトの現実について非常に積極的に問題提起を行ってこられた方です。貴重な問題提起の著作である『日本の奨学金はこれでいいのか！—奨学金という名の貧困ビジネス—』も上梓されていらっしゃいます。本日は「奨学金・ブラックバイト・中間層の解体」というテーマでお話をしていただきます。

二人目の登壇者ですが、青砥恭先生にお願いしています。青砥先生は埼玉県の元高校教員でいらっしゃいます。ＮＰＯ法人さいたまユースサポートネットを二〇一一年に設立され、その代表理事を務められていらっしゃいます。若者の支援及び居場所作りに取り組んでこられました。ぜひご紹介したいのが『ドキュメント高校中退—いま、貧困がうまれる場所—』という著作です。私は個人的に前々から青砥先生の大ファンで、本日ここにお迎えできて本当に嬉しく思っています。社会から排除されてきた若者一人ひとりの声に耳を傾けつつ彼らの居場所作りを長年にわたって展開されてきた、非常に優れた教育実践家のひとりであると尊敬しています。

三人目の登壇者ですが、菊地栄治先生にご登壇いただくことになっています。菊地先生は、若者に関して教育学の観点から極めて実践的な教育・研究を行ってこられている、早稲田大学教育・総合科学学術院を代表する研究者のおひとりです。ご著作としては『希望をつむぐ高校—生徒の現実と向き合う学校改革—』などをおもちです。高校の階層構造が非常に厳しいものになり、公立高校の地盤沈下が著しい状況にあります。そのなかで大阪の高校二校と十五年以上にわたって関わりながら、いかに高校生をエンパワメントするのかということを探求してこられました。本日、菊地先生には「負の連鎖を断つ―高校における教育のエンパワメントの試み―」というテーマでお話をしていただくことになっています。

このシンポジウムの企画ですが、教育・総合科学学術院の油布佐和子先生に大変ご尽力いただきました。それでは講演者の先生方、どうぞよろしくお願いいたします。

奨学金・ブラックバイト・中間層の解体

中京大学国際教養学部教授　大内　裕和

中京大学の大内です、本日はどうぞよろしくお願いします。講演のタイトルは「奨学金・ブラックバイト・中間層の解体」ということで、今、日本の社会のなかで若年層にどのような問題が起こっているかということを考えたいと思います。レジュメに沿って話をさせていただきます。

奨学金

最初に、「奨学金」から入ります。本当に日本の奨学金制度は、かつてのものとは変わってしまいました。昨年からかなり報道が増えたのでご存知の方も増えたのですが、私がこの問題に取り組みはじめた二～三年前は、本当に話が通じないという状況であったと思います。現在の奨学金の八割以上は、日本学生支援機構の奨学金です。三年前は「日本育英会ですか」などと言われたものですが、現在それはなくなっています。

日本学生支援機構の奨学金は第一種奨学金と第二種奨学金の二種類があります。第一種奨学金は無利息のもので、特に優れた学生及び生徒で経済的理由により著しく修学困難な方に貸与を行う。第二種奨学金は利息付きの奨学金で、利率固定方式または利率見直し方式のうち、申し込む際にいずれか一方を選択する。いずれの方式も利率は年三・〇パーセントが上限で、第一種奨学金よりゆるやかな基準によって選考された者に貸与する、となっています。

私自身も奨学金を借りていましたが、私が大学に通っていた約二十五年前は、大学生のなかで奨学金を借りている人は全体の二割以下でした。上位の大学は一割を切っていたと思います。ですから私個人は悩んでいましたが、周りに話してもあまり分かってもらえませんでした。先日も私と同じ年齢の弁護士の方に「学費に困っている人なんているのですか」といわれました。こういう認識です。四十代半ば、つまり今から二十五年前のとりわけ一定レベル以上の大学においては、奨学金を借りるということはきわめて例外的な状況でした。それがすっかり変わったのがこの二十五年です。

二〇一〇年度、第一種奨学金においては入学者の貸与月額が国・公立と私立とでは違っていて、国・公立の自宅通学が月四万五〇〇〇円、自宅外通学が五万一〇〇〇円。私立は自宅通学が五万四〇〇〇円、自宅外通学が六万四〇〇〇円で、三万円を選択することも可能です。第二種奨学金については、これは国・公立と私立の違いはなく、月に三万円、五万円、八万円、十万円、十二万円となっています。私は四年前まで愛媛の松山大学で教えていて、そのときに国立の愛媛大学で教職科目の非常勤講師をやっていました。当時、その奨学金を借りている学生は全体の七割。しかも半数以上が八万円、十万円、十二万円でした。五万円よりも八万円以上のほうが多いのです。さらに驚いたことに、第一種奨学金と第二種奨学金をダブルで借りていて合計十七万一〇〇〇円という学生がいました。先々週、私が大学で相談を受けた学生は十二万円と六万四〇〇〇円をダブルで合計十八万四〇〇〇円借りています。返還総額は一一〇〇万円になります。つまり、大学四年間で一一〇〇万円の借金を背負うことになります。大学院の場合は上限が十五万円、法科大学院の場合は上限が二十二万円です。

ただ、これは歴史を知らないとなぜこうなってしまったのか分かりません。かつては利子付きの奨学金はありませんでした。導入されたのは三十年前です。三十年前に利子付きの第二種奨学金が導入されました。一九八四年に日本育英会法の全面改正で有利子枠が作られたわけです。当時は現在よりも世論がまともでしたから、「奨学金に利子が付くとは何ごとか」という批判が強く行われました。しかし、その世論を強行突破して有利子枠が作られました。もめたので付帯決議が出されました。そこには「育英奨学事業は、無利子貸与制度を根幹としてその充実、改善に努めるとともに、有利子貸与制度は、補完措置とし、財政が好転した場合には廃止等を含めて検討する」と書かれました。しかしこの付帯決議はまったく守られませんでした。その後、政府は大学の学費を引き上げる一方で高等教育予算は削減し、一九九九年に財政投融資と財政投融資資機関債の資金で運用する有利子貸与制度を作り、一般財源の無利子枠は拡大せずに、有利子枠のみ

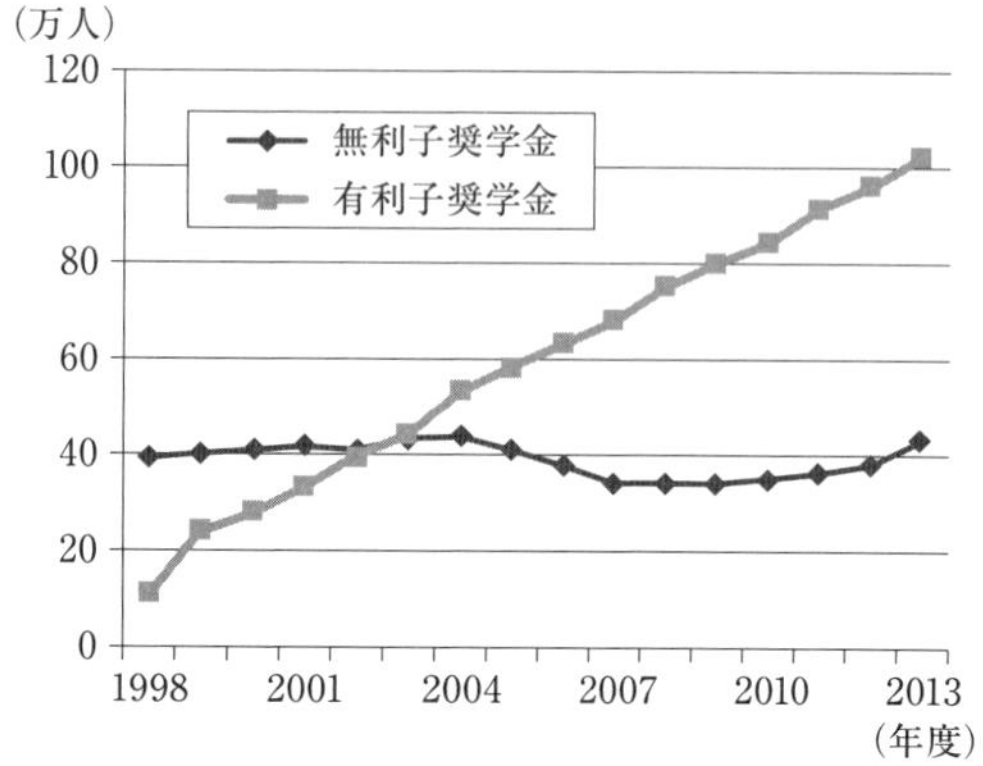

図１　日本学生支援機構奨学金貸与人員数の推移

その後の十年間で約十倍に拡大させました。二〇〇七年度以降は民間資金の導入も始まりました。

民間資金とは、銀行や証券会社の資金を指します。銀行や証券会社が奨学金に対して金を貸し出し、利子を取って利益を上げているというのが実情です。しかしそのことを、借りている本人も保護者も本当に知りません。しかし事実です。知らないでやっています。「みなさんの奨学金の利子は金融機関に行っているのですよ」と言うと学生はすごく驚きます。しかし事実です。

図１と図２を見ていただければ、この十五年間、無利子の貸与人員も事業費もほとんど増えず、有利子枠のみぐんぐん増えていったということが分かると思います。年度を見てみると、一九九八年度は無利子奨学金が三十九万人、有利子奨学金が十一万人ですから、合計五十万人です。これも重要な年度です。一九九八年といえば現在から十六年前。ということは、貸与者は現在三十代半ばです。現在三十代半ばの方も奨学金の約八割は無利子でした。現在の学生は、無利子奨学金が三十八万人、有利子奨学金が九十六

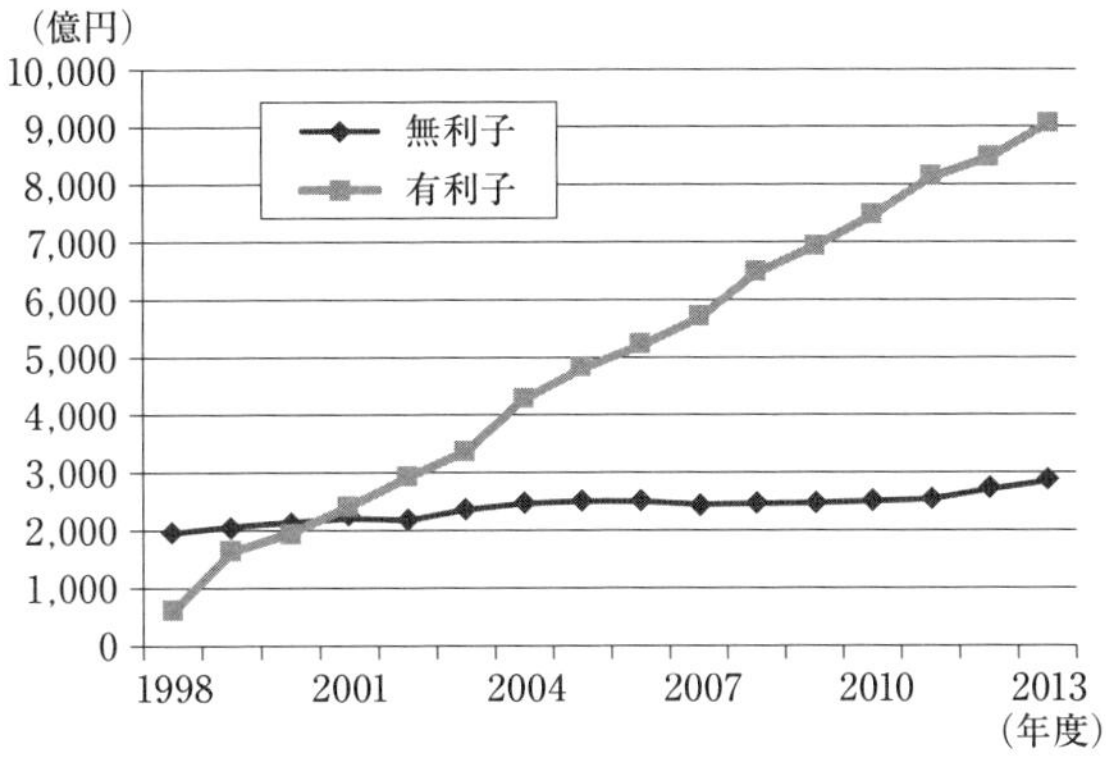

図2　日本学生支援機構奨学金事業費の推移

万人で合計一三四万人ですから、全体の七割以上に利子が付いていることになります。十五年間ですっかり状況が変わってしまっています。

無利子貸与の希望者は近年毎年約二万人ずつ増加しているのですが、採用枠が少ないために、たとえば二〇〇九年の場合だと七八パーセントが不採用となっています。本人が評定平均値を超えていて、親の年収も基準に達しているのに落ちてしまうのです。ですから本人に責任はありません。無利子枠が少ないだけなのです。こういった理由で大学進学を諦めている高校生はたくさんいます。あるいはこれが理由で第二種奨学金に変えざるを得ない学生がたくさんいます。また、これが理由でブラックバイトをせざるを得ない学生も増加することになります。

また、今でも「教員は返還免除」と思っている人がたくさんいるのですが、その制度はとっくになくなっています。今の学生たちは返還免除の制度があったことを知らないのです。一九九八年四月まではありました。小学校、中学校、高校の教員は、一定年数勤務すると奨学金返還は免除されました。そういうものをなくしてしまったのです。一九九八年に廃止されて、小中高の教員になっても返さなくてはいけなくなりました。また、二〇〇四年に日本育英会は廃止されて日本学生支援機構になりましたが、そのときにわれわれ大学の研究職に対する返還免除制度も廃止されました。

今年新入りの先生を飲み会に誘うかどうか、これは悩んでしまいます。奨学金で大変なのではないかと気を使うようになったのは最近のことです。かつてはこんなことは気にしませんでした。十五万円だと五年間で九〇〇万となり、最初から月五万円以上の返還をせねばならずかなり大変です。国立大学の若い先生などは手取りが二十万を切ってしまいます。さぞかし大変なのではないでしょうか。先日高校の先生が、初任給が十九万円で、奨学金が三万五千円、手元に残るのは十五万五〇〇〇円なので、彼女と結婚できないとおっしゃっていました。そういう状況が広がっています。給料十六万円のうち月の返還額は八万円なので手元に残るのは八万円という教え子もいます。

これだけ借りていますから返済は大変です。第一種奨学金は、返還額を毎月一万五〇〇〇円以内に収める設定にされています。自宅から国立大学に通う大学生の場合は毎月四万五〇〇〇円の貸与を受けられますが、大学卒業後に十四年かけて毎月一万二八五七円を返還します。卒業後すぐに払い始めて三十七歳で終了となっています。これはなかなか大変なのですが、奨学金を借りる前の高校生や借りている大学生が理解することは結構難しいのです。自分で家計をやった経験があれば、これがいかにしんどいかということはすぐに分かるのですが、難しいです。また、第二種奨学金を毎月十万円借りると、貸与総額が四八〇万円になります。上限利率三・〇パーセントだと返還総額は六四五万円を超えます。この場合、月の返還額は二万六九一四円で返還年数二十年となり、卒業後すぐに払いはじめて終わるのは四十三歳です。この額になってくると、社会人としてやっていれば本当に大変だということはすぐに分かります。しかし学生では分からない人がいます。

現在の学生の風潮というか、これは学生が悪いのではなくて世の中の風潮が関係しているのですが、「今だけ、金だけ、自分だけ」というのがあります。今のことだけ、金のことだけ、自分のことだけで精一杯というか、自分のことだけなので、借りていないと「自分には関係ない」といって聴かない学生が出てきます。それでは困るのです。しかし、次の一言をいうと一気に教室は変わります。「君たちは借りてないと言うけど、結婚相手が借りているかもしれないよ」と。寝ている学生が一気に目を覚まし、教室は全員真剣です。ムードは一気に変わります。名古屋では自宅通学生が多いので全国平均より低く全体の半数の学生は奨学金を受給していないのですが、大卒の異性と付き合うと相手の半数は奨学金を借りているわけです。これは、なかなか高率です。なかには「私は奨学金を借りていない人と〜」という学生もいるのですが、そうすると、半分の人が対象外になります。こんなに結婚が難しい時代ですから、私は最初から「これは結婚難になる」と思ったものです。実際、私の周りでこれを理由に結婚話が白紙になった例がいくつか登場しました。一つや二つの例では説明できないので、これから本格的に調査をしようと思っているのですが、明らかにこれは未婚化を促進しています。

Yahoo！知恵袋で「奨学金　結婚」と入力し検索してみてください。大量の質問がヒットします。「私は借りていないが、彼の奨学金返還額が八〇〇万円。母が、おまえは借金と結婚するのかといい、私の結婚に頑強に反対しますが、どうしたらいいでしょうか」、「私が四〇〇万、彼女が六〇〇万で、返還総額が一〇〇〇万。結婚後の生活が不安で仕方がない」等々、非常にリアルな質問が出てきます。Yahoo！知恵袋をみるだけでも、奨学金返済の問題がどれだけ大きなものになっているかが分かると思います。つい最近、本当に偶然なのですが、名古屋の喫茶店で私の隣に座ったカップルがこの問題でもめていました。「二人合わせると四万円を超えるなんて、無理だ」という発言が出ていました。毎月の返還が四万円を超えると結婚ができないのです。

これは実は昨年改善されたのですが、昨年までは年利一〇パーセントの延滞金というものがありました。返せないと一〇パーセント増えるのです。借りている総額が四八〇万を超えている場合、一年間で四十八万、二年間で九十六万、三年間で一四四万とふくれあがります。延滞金発生後の返済では、ひどいことに、お金はまず延滞金の支払いに充当され、次いで利息、そして最後に元本に充当されます。ですので、元本がなかなか減りません。元本の一〇パーセント以上のお金を出さなければ半永久的に延滞金を支払い続けることになります。われわれが実施した電話調査では、六十歳近くなっても返還が終わっていない人からの相談がありました。彼の残りの額を聞いたら、一生かかっても返せません。いよいよ大学に入るときに借りた奨学金が一生涯かかっても返せないという時代に突入しています。

さらに重大なのは、この利息や延滞金はどこに行っているかという問題です。日本学生支援機構は学生たちに対して、「皆さんからの返還金が将来の学生のための原資になる」といっています。嘘です。原資になるなら元本だけでいいはずです。なぜ利子と延滞金がつくのか、それは金融機関とサービサーに行っているからです。二〇一〇年度の利息収入は二三二億円、延滞金収入は三十七億円に達します。これらの金は経常収益に計上され、原資とは無関係のところに行っています。この金の行き先は銀行と債権回収専門会社、サービサーです。二〇一〇年度期末で民間銀行からの貸付残高は約一兆円で、年間の利払いは二十三億円です。サービサー、債権回収専門会社は、同年度約五万五〇〇〇件を日立キャピタル債権回収など二社に委託し、十六億七〇〇〇万円を回収し、そのうち一億四〇〇〇万円が手数料として払われています。つまり奨学金が奨学事業、教育事業ではなく、金融機関に利益を与える金融事業になっていて、しかも奨学金はどちらかといえば経済的に豊かでない家庭の出身者がたくさん借りるのですから、これは「貧困ビジネス」だというふうにいえるわけです。

どうしてこんなことが起こったのかというと、それは大学をめぐる学費の状況や日本型雇用の解体ということから起こっています。一九七〇年前後の国立大学の授業料は、年間一万二〇〇〇円でした。月一〇〇〇円です。学生にこれをいうと、驚くのではなくてなかなか信じません。「先生は嘘を言っている」、「騙されている」との声が上がります。いや、騙していません。月一〇〇〇円です。徐々に授業料は上がりますが、一九七〇年代に学生だった方は年間の授業料三万六〇〇〇円や九万六〇〇〇円といった時代を過ごされていると思います。それは別世界です。現在の国立大学の授業料は年間五十三万円を超えているわけです。一九六九年から現在の物価指数

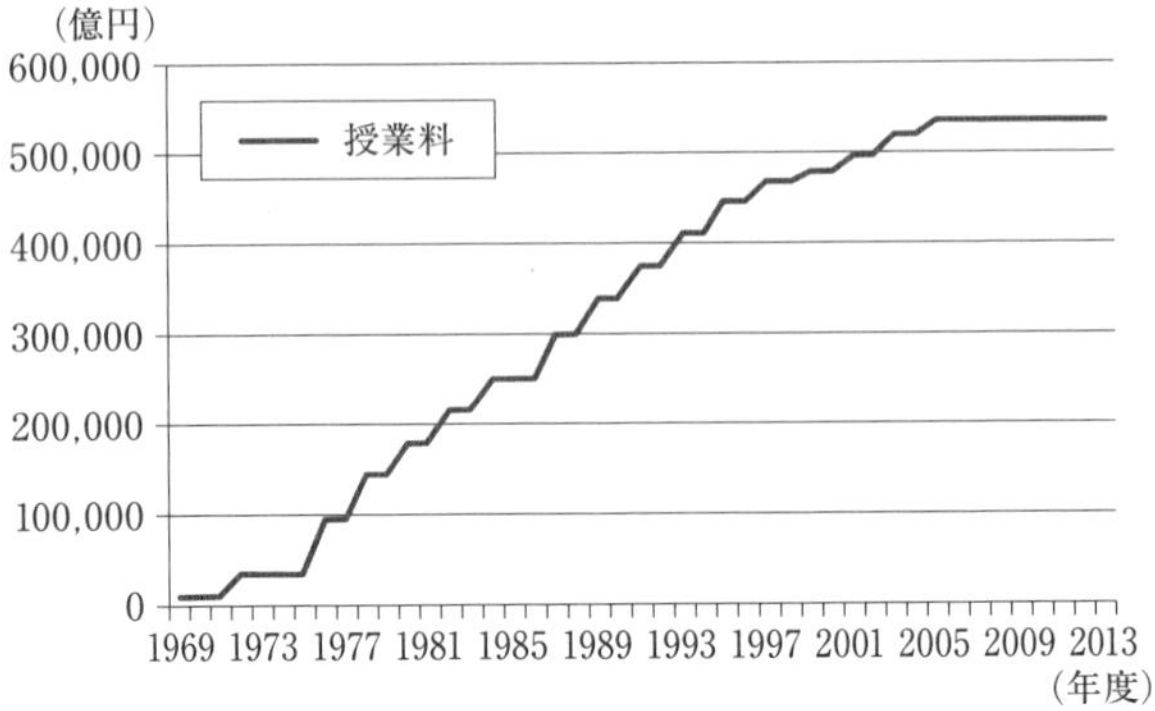

図３　国立大学授業料の推移

の変化は約三倍です。物価が三倍なのに、授業料は四十五倍以上になっている。物価とまったく関係ないスピードで授業料は上がりました（図３）。

それでは六〇年代から七〇年代、八〇年代のこの授業料値上げがなぜ大きな問題にならなかったのかというと、日本の経済大国化が進んでいたからです。よく高度経済成長は石油ショックで終わったという解説がなされますが、それは単純すぎます。実は石油ショック後の立ち直り、七五年から九〇年というのが日本の本格的経済大国化だったと思います。ということは、日本型雇用は少なくとも九〇年代までは維持されていたわけです。子どもが大学に入る年齢になると、特に父親、正雇用である父親の賃金が上昇するという人が、大学に進学する家庭では多数派であったと思います。一言でいってしまうと、「大変ではあったが、頑張れば何とか払えた」ということではないでしょうか。だからこそ八〇年代の授業料の値上げが、スムーズに、それほど強い反対もなく進んだと思います。だからこそ奨学金や授業料のことが社会問題にならなかったのだと思います。私の同級生のほとんどが借り

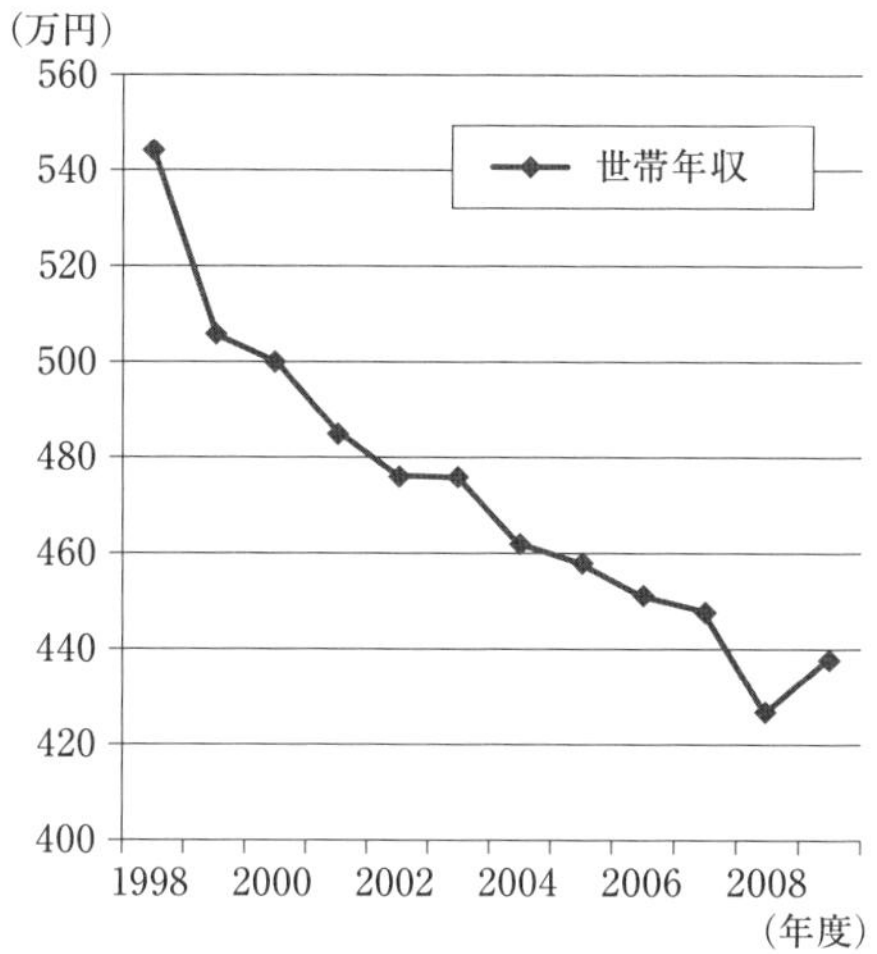

図４　世帯年収（中央値）の推移

ていなかったのもこのような理由によるのでしょう。

日本型雇用というのは終身雇用と年功序列なので、たとえ奨学金を借りたとしても、九〇年代、一九九一年のバブル崩壊までは大学生の就職は好調ですから、入ればなんとか返せるということが続いていました。しかし一九九一年にバブルがはじけ、最初は若年層だけですが、一九九七～一九九八年に新時代の日本型経営が生まれてから数年で既存の労働者層、正規雇用にまで賃金カットの圧力がかかりました。そのため世帯年収は一九九七～一九九八年をピークに下がり始めました。

図４は世帯年収の中央値ですが、一九九八年の五四〇万円以上から、二〇〇八～二〇〇九年は四〇〇万円台前半、現在は四〇〇万円前後ですから、だいたい一五〇万円ぐらい世帯年収は下がっているわけです。百数十万というのはだいたい私立大学の授業料全体と同じです。その世帯年収が下

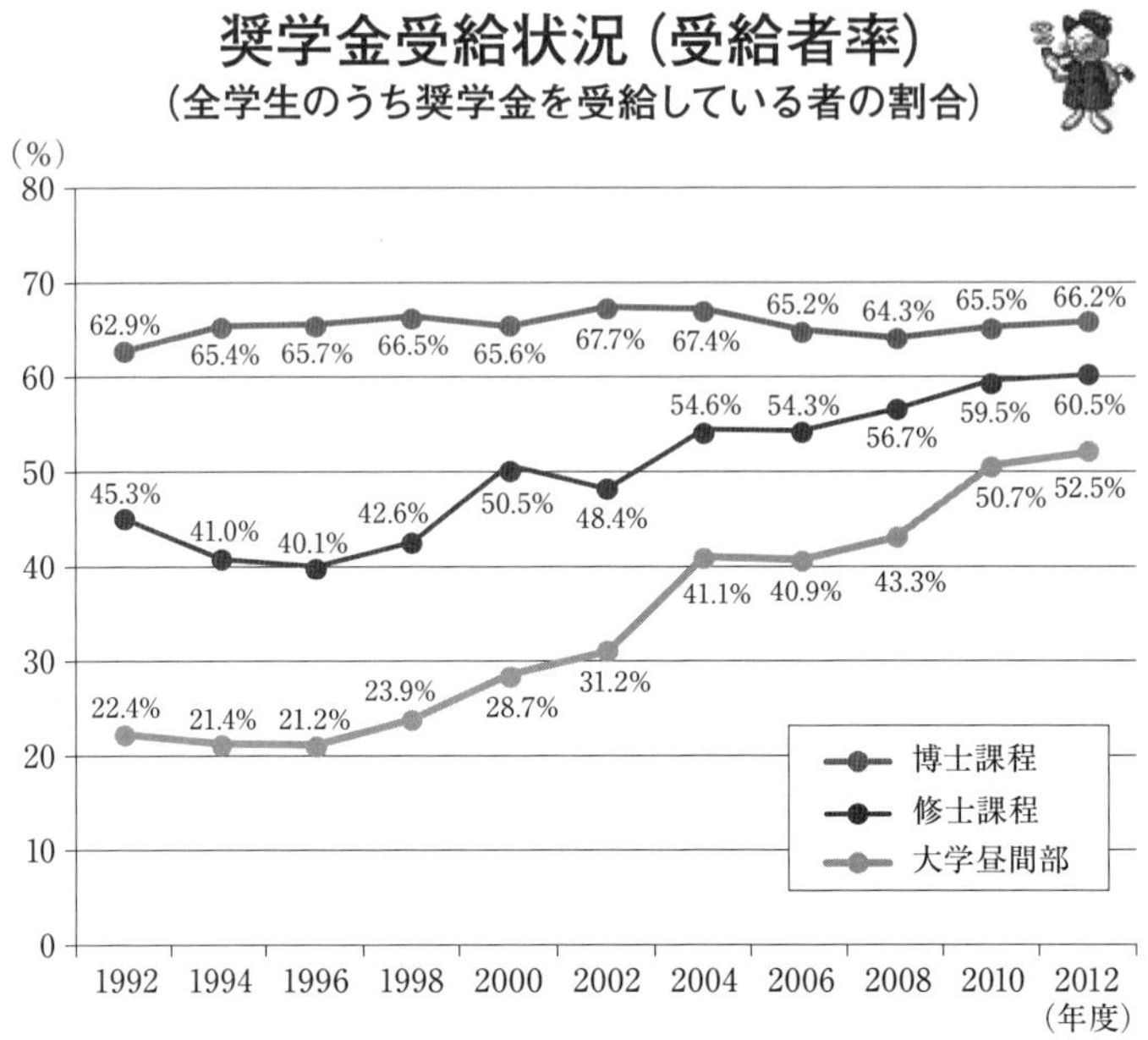

図５　日本学生支援機構2012年学生生活調査

がった時期と、奨学金の受給状況がピッタリ関係しています。一九九〇年代前半、奨学金を借りる人は学部では全体の二二・四パーセントでしたが、これが二〇一二年に五二・五パーセントにまで上がっています。一九九八年の二三・九パーセントから二〇一二年に五二・五パーセントですから、世帯年収中央値の減少と奨学金受給率のアップはピッタリ重なっているということになります。ですから、奨学金を借りなければ大学に進学できないという状況になったということです。二割というのは少数派ですから、困っている人が借りるものでしたが、五割を超えれば借りている人のほうが多いですから、それは借りなければ進学が不可能ということです。修士課程と博士課程の奨学金受給者率も上がっていますが、重大なのは学部から借りているので、大学院進学者の場合、累積すれば大変な額になってしまうということです。

しかも大学生の就職率が低下していて、一九九〇年前後の九〇パーセントから低くなっていますから、返すのは大変です。失業・無職が増加し、非正規雇用の増加、また正規であっても周辺的な正規雇用労働者が増えていますから返せないわけです。インターネット上では未だに「借りたものを返すのは当たり前」とか、「返せない人間がなっていない」とかいっていますが、返せるのに返さないのではなくて、返せないから返さないのです。八〇パーセント以上が年収三〇〇万円以下だということは分かっているわけですから、これは若年層の貧困が返還の困難性の背景にあるといっていいでしょう。二〇一〇年の滞納者は三十三万人、三カ月以上の滞納額は二六六〇億円です。返還滞納者の個人情報機関への登録が一万人を超えました。裁判所を使った「支払督促」を申し立てられる奨学金滞納者も急増していて、二〇〇四年にはわずか二〇〇件だった支払督促の申立件数が二〇一一年には一万件と、この七年間で五十倍に拡大しています。

われわれの調査によると、給与の差し押さえまでなされています。奨学金は返還できるが給料をもらえないというところまで行っているのです。これは問題だということで、二〇一二年九月一日、私の周辺の学生たちが「愛知県学費と奨学金を考える会」を発足させて、奨学金制度改善の市民運動を開始しました。また、全国でも返済困難者の救済と奨学金制度の改善を目指して「奨学金問題対策全国会議」が結成され、奨学金問題についての運動が広がりました。

また昨年十月、奨学金問題対策全国会議編『日本の奨学金はこれでいいのか！』が出版され、奨学金の問題点が広く知られるようになりました。このことによって、テレビや新聞で奨学金についての報道が増えると同時に、論調に変化がみられました。かつては「返さない人間がなっていない」、「何をやっているのだ」といった主張であったのが、少なくとも制度の側に問題があるということがどの新聞にも載るようになりました。やはりテレビや新聞の報道を変えるのは重要です。

そして、二〇一四年度予算における制度改善がなされました。延滞金賦課率の一〇パーセントから五パーセントへの削減、返還猶予期限の五年から十年への延長、減額返還制度及び返還期限猶予制度の基準緩和、延滞者への返還期限猶予制度の適用、減額返還制度申請書類の簡素化です。そして無利子奨学金の増加と有利子奨学金の削減が進みました。まだまだ十分とはいえませんが、貴重な動きであるといえると思います。

ブラックバイト

次に、「ブラックバイト」です。私は、今年で大学教員になって十七年目なのですが、私の大学教員の経験から考えついたことです。名称を作ったのは昨年ですが、一九九八年から二〇一三年の間の学生の変化をみてきて「これは…」と思いました。大学教員になった頃は、ゼミ合宿やゼミコンパをすることができました。当時の学生もアルバイトはしていましたが、私が「この日にやるよ」というと、皆が休んで日程を調整してくれたので、困難なことはなかったのです。しかし五年ぐらい前から本当に難しくなりました。たとえば開催一カ月前に「この日に合宿をしよう」というと、「自分のバイト先はシフトを三カ月前に組むので、もうそこは埋まっています」といわれます。そうかと思って今度は三カ月前に組もうとしたら、ハイと手をあげて、「自分のバイトは一週間前にシフトが決まるので、そういうことをいわれても困る」といいます。なかなか調整できません。驚くことに曜日固定制というものがあります。その曜日だといかなる理由があってもアルバイトを休むことができないのです。

それから、かつても大学生、特に文科系はあまり勉強しない学生が多かったのですが、試験前と試験中は勉強していました。それで追い込んでいたのです。最近は試験前と試験中も勉強をしていません。どんなやさしい問題を出してもできません。試験前も試験中もアルバイトをやめないのです。そういう学生が急増していることがはっきり分かります。私が驚いたのは、試験時間にアルバイトを休めない学生が一人いました。そして単位を落としました。疲労で講義を聞かないで寝ている学生が急増しているという問題もあったのですが、試験の時間がアルバイトのシフトと重なり、一生懸命アルバイト先に「試験だから」といっても休むことができないという学生が出て、このままでは大学教育はできないと思い調査をしました。

学生アルバイトの調査を実施して、学生の個人名を伏せて事例をFacebookにアップしたら、とても大きな反響がありました。シェアは一瞬で一〇〇を超えました。年齢の高い方は、「今のバイトはこうなっているのか」と驚きの反応です。若い人たちは北海道から九州まで、「自分のところもそうだ」という反応が返ってきました。

こうしたアルバイトを、「ブラック企業」に倣って「ブラックバイト」と名付けました。私の作ったブラックバイトの定義は、「学生であることを尊重しないアルバイトのこと。フリーターの増加や非正規雇用労働の基幹化が進むなかで登場した。低賃金であるにもかかわらず、正規雇用労働者並みの義務やノルマを課されたり、学生生活に支障をきたすほどの重労働を強いられることが多い」というものです。未だに大学のことを「レジャーランド」と呼んでいる評論家がいますが、間違いです。暇はありませんから、レジャーランドではありません。「ワーキングプアランド」だと思います。

非正規雇用労働が「補助」労働から「基幹」労働に変わりました。バイトリーダー、バイトマネージャー、パート店長という、かつてはなかった言葉が一般的に使われるようになりました。配布資料に挙げた学生の経験をみていただければ、どんなことが進行しているかは明らかだと思います。また、東京新聞の「若者を苦しめる　ブラックバイト横行」という記事をみていただければ、塾をはじめ本当にアルバイトの状況が様変わりしたということは明らかだと思います。自分の教えている生徒の成績が上がらないと、アルバイト先の塾から「補講をやれ」と命じられます。しかも補講をただでやれと命じられる。「アルバイトですから、ただで補講をやるのは嫌です」といったら、「おまえは生徒とお金とどっちが大事なのだ」と脅されるという状況です。塾講師や家庭教師の時給は、かつては二五〇〇～三〇〇〇円でしたが、今は一二〇〇円ほどです。割のいいアルバイトではなくなりました。そういうことを話すと、年配の方は皆さん驚かれます。

この間、「授業料も安かったし、週に二回の家庭教師で全部やれました」という話をしたら、学生全員から「えーっ！」という声が上がりました。週二回家庭教師をやれば何とかなる、これが今の学生にどれだけ驚きをもたらすかということをやはり考えていただきたいと思います。いろいろな考え方がありますが、週二回の家庭教師は、おそらくは大学の学業に影響を与えないでお金を稼ぐことができる範囲のアルバイトだと思います。週六日のアルバイトで、週労働時間三十時間を超えて、どうやって勉強するのでしょうか。

ブラックバイトは、どうやって生まれたのでしょうか。まず、正規雇用が減って非正規雇用が増えました。しかし、正規雇用労働者が行っていた責任の重い仕事は引き続きありますから、誰かがやらないとまずいわけです。非正規雇用労働者が、かつて正規雇用労働者が行っていた仕事を担っているのです。かつて非正規は正規の「補助」労働でしたが、それが「基幹」労働に変わりました。恐ろしいことに、非正規雇用労働の基幹労働化が及ぼす影響はとどまりません。当然、非正規雇用労働者がリーダーまでやるのですから、正規雇用労働者が一層減ります。そしてまた同じ仕事を非正規が行っているので、正規雇用の賃金は高すぎるとか、たくさんお金をもらっているのだからもっと働けというふうに待遇が悪化します。

中間層の解体

この奨学金問題とブラックバイトの意味するものは何でしょうか。なぜ、こんなにもマスコミが反応するのでしょうか。単なる奨学金やアルバイトの問題ではなくて、戦後に形成されてきた「中間層」が解体の危機に陥っているからだと私は思います。終身雇用・年功序列型賃金を特徴とする日本型雇用はすでに壊れています。しかも非正規雇用であれば返せないし、正規雇用であっても結婚できないということは、奨学金の返還が結婚や子育てに悪影響を与えます。また非正規雇用が基幹化して正規雇用が減り、周辺的正規労働者が急増すれば、四年制大学を出てもかつての中間層になれないということが起きるのだと思います。

問題は、このことが実はどんどん水面下で進んでいたのに気付くのが遅れたということです。私は竹信三恵子氏と『「全身○活」時代』という本を書きましたが、この本のテーマは「世代間断層」でした。五十歳以上と四十歳未満の間に大きな、客観的データで確かめられる格差があります。断層と呼んだのは、世代間ギャップではないからです。ギャップというのは、認識でき話ができますが、断層は話が通じないくらいのレベルです。日本型雇用の解体以前と以後です。子どもの就職先が決まらないと、「どうしておまえは決まらないのだ」と親が責める、結婚が決まらない娘に「なんであなたは結婚が決まらないの」と親が責めるという例がありますが、それは若年層が置かれている就職や結婚の困難性を親世代が理解をしていないからだと思います。私の頃も就職は難しかったですが、受けたのは十社程度です。笑ってしまいます。今の学生たちは三桁以上エントリーしています。三〇〇社エントリーして面接が五社です。そういうことを考えてもらいたいと思います。

なぜこのことが分からなかったか、あるいは未だに分からない人がいるのかというと、五十代以上の親と四十歳未満の子どもが同じ家に住んでいるからです。あるいは家計を同一にしているからです。世帯内の所得利権によって若年層の貧困化が不可視化されてきたと思います。今の大学生の親の多くも五十歳代ですから、マジョリティは日本型雇用に守られています。たとえば卒業後非正規雇用になっても、親元にいればすぐには貧困者として外には問題になりません。親がもう少し頑張って支える、といったことが起こります。地方へ行くと、四十歳の子どもを七十歳の親が年金で支えるということが深刻化しています。

なぜ日本で構造的に四十歳未満の多数派が中間層になれないという貧困問題が表に出なかったかというと、それは親世代による所得移転です。二十五歳から三十四歳の労働者の四八パーセントが親の経済的支援を受けているというデータもあります。つまり自分たちだけではやっていけない若者が半数近いのです。二〇〇六年以降、「ワーキングプア」や「ネットカフェ難民」という形で貧困が発見され、そして格差社会と二極化がいわれてきましたが、本日お話しした奨学金やブラックバイトというトピックは、全体の半分の、四年制大学に通っているミドルクラスより上の層におけるものです。要するに、真ん中より上にまで奨学金が返還できないという現実があるということは、二極化ではなくむしろ一部を除いた全般的窮乏化だと思います。アッパーミドルまでが結婚できないとか子育てできないということになると、中間層の解体の危機が深まっています。

そうなれば、学歴や学校歴の意味はどうなるのでしょう。学校というのは、より良い階層、上昇といったテーマとも結びついていましたが、それも変わってしまっています。これは、ぜひ強調したいのですが、日本型雇用を前提にした雇用と家族の一定程度の安定が崩壊していることが、教員労働の在り方を大きく変えていると思います。だからこそ、学校の先生はこんなに大変になっているのだと思います。学校のなかだけではなくて、社会全体で起こっている新たな貧困化の問題を捉えることが、教育研究にとっても教育実践にとっても重要だと考えています。

学校からの排除と若者の居場所

ＮＰＯ法人さいたまユースサポートネット代表理事　青砥　恭

こんにちは、ＮＰＯ法人さいたまユースサポートネットの青砥と申します。どうぞよろしくお願いします。まずはわれわれの活動の原点である「たまり場」の話から始めさせていただきます。

たまり場の若者たち

学校制度の中からはじき出されたり、学校制度のなかで暮らせない若者たちがたくさんいることは皆さんご承知の通りです。たとえば不登校になり高校を中退してしまったら、学校制度から完全に切れてしまいます。不登校の者、中退をした者、そういう若者たちは行き場がないのです。アイデンティティを表現する場がない、仲間作りをする場がない、最大の問題は将来生活するためのスキルを身につける場がないということです。学校制度から切れてしまった子どもたちをどういうふうに支えることができるのか。これまでもいろいろな活動をしてきましたが、そうした問題を背景に、二〇一一年にたまり場というものを始めました。

今年六月にＮＨＫ「ＥＴＶ特集」で、たまり場の活動とともに、四人の若者たちが困難ななかで生きている姿をドキュメンタリーにしていただきました。以下はこのドキュメンタリー内で彼らが語った内容です。

「すべてに余裕がないです。自分の体を張ってでもお金が欲しい」Aはある事情で父親と別々に暮らしています。父親は東北地方におり、彼からの仕送りはありません。母親はすでに幼児期に他界しています。おばあちゃんと二人暮らしをしているのですが、彼女のパートの収入で孫娘を育ててきたという家庭です。この子には依存症があり精神疾患等も抱えていますが、それでもこの子は十八歳になりスナック勤めをしています。夜のスナックです。そういう背景をもつ子どもがいることを理解していただければと思います。

「学校の授業は塾に行っていることが前提で進む。私は塾には行けない。授業で恥ずかしい。先生は待ってくれない」Bは中学校にはほとんど通っていません。不登校です。この子の家庭は母親が若いころに貯めたお金が少しあるので生活保護を受けてはいません。毎月十万円くらいで生活しているという親子です。日本の中学生は約七割が塾へ通っていますが、このようなかたちで学校制度の中からはじき出されている子どももおります。

「中学までしか行っていないので、行（働）き場がない」Cは二十二歳になった男子です。父親は幼児期に亡くなっており、母親は障害をもっています。七人ほどのきょうだいがおりますが、家は一間です。八畳ほどの部屋で、今は弟と姉と母親と一緒に暮らしています。母親は清掃の仕事をしながら子どもを育ててきました。貧困といってもこの家庭は極貧です。本当に大変な家なのです。ご飯を食べることができないこともよくあります。建設関係のアルバイトを少しして、その稼ぎでご飯を食べるのです。稼いだときは食べられ、稼げなければ食べられません。現在そういう生活をしています。

実はAとCは、われわれが勧めて通信制高校に入りました。なぜ通信制高校なのでしょうか。学校に毎日行かなくていいからです。もちろん私立には入れないので公立の学校です。体が弱かったり、不登校で体力がない子どもたちには通信制高校は便利です。ただし通信制高校が本当に学校といえるのかと聞かれると、私も詰まってしまいます。それにはかなり疑問もありますが、そこしか行き場がない子どもたちが現にいるのです。

Cはここ二〜三日荒れていました。なぜかというと、通信制高校に通って五年目になりますが、また留年しました。ある教科を落とし、留年が決定してしまったのです。国語や数学ではなく、体育を落としてしまいました。要するに、授業に出なかったのです。とても表現力のある言葉をもっている子なのですが、不器用なのです。本当に不器用です。教師に対する言葉だって何だってそうなのですが、もう少しうまく立ち回れば良いのに、それができないのです。

「貧しい人は結果だけを求められる。おまえたち家族は頑張っていないといわれる。何を頑張れば良いのか。」Dは C と同じ二十二歳の男子です。

われわれの団体はこうした子どもたちを支援しています。ただし、支援はスムーズには実施できていません。正直なところ参っています。子どもたちがどういう気持ちで生きているかというのを最初に理解しないといけません。「格差」と「貧困」というように私は分けていて、格差が拡大すればするほど自分たちの絶望感や不安感は増し、いつまでたってもDのような意識から抜け出せません。それからBの、自分は塾に行っていない、学校では恥ずかしい、できないことは辛いという気持ちもそうです。「塾へ行っていない子は他にもいる。なぜおまえは頑張れないのか」と教師はいいます。しかし実際それが励ましになるのでしょうか。私はすごく疑問に感じます。

こうした子どもたちが一番に抱えているのは孤立の問題だと考えています。孤立という問題を解決するために、居場所作りをはじめました。ドキュメンタリーでは四人が取り上げられましたが、この四人は決して少数派ではありません。膨大な孤立者が、子どもたち、若者たちのなかに生み続けられています。日本の貧困率は一六パーセント、生活保護受給率は一・五％パーセントですから、その間にも大きな乖離があります。貧しさというのは孤立を生みます。われわれが今やっていることは、そういう子どもたちをどうやって地域で抱え込むか、支えるかという活動です。

たまり場の活動のなかで、キャンプ、遠足、クリスマス会、誕生日会等を実施しています。また、さいたま市が作った自立支援ルームで、芸術系の大学を出たスタッフの指導のもと週一回デッサンをやります。彼らは結構上手く、どんどん腕を上げています。Bは芸術系の高校に進学したのですが、この子も団体のスタッフが三年近く、週二回彼女にデッサンを教えていました。数学や理科は、私の友人で民間企業の研究者が、週一回は仕事を四時で打ち切って彼女に勉強を教えてくれました。このようにして、彼女は芸術系の高校に入学することができました。

学習支援事業と貧困を巡る問題

われわれの団体では、学習支援事業も行っています。生活保護世帯の子どもに対する学習教室ですが、基本的には居場所作りです。点数で格差をつけず、マンツーマンで教えていきますが、われわれは最初からここに若者たちのコミュニティを作ることを目標にしています。結果として居場所になった、というものではなく、最初から「ここは居場所である」と位置付けています。勉強を教え、学びを通じて居場所を作ります。居場所を作るための手段として学びがあるわけです。

学習教室は一昨年が五教室、昨年が七教室、今年は八教室とどんどん増えています。さいたま市は十区ありますので、今年は八教室、つまり八区まで学習教室が増えています。今年六月の段階で生徒数は約一六〇人です。中学生が中心ですが高校生もいます。去年は全体の二割ほどが高校生で、二一五人のうち二十六人が不登校生でした。また、一昨年は一六〇人のうち三十五人が不登校生でした。生活保護世帯の学習支援には不登校生の問題がつきまとっています。中学生の不登校率の全国平均は二・七パーセントですから、それよりも五～七倍ほどの発生率です。この問題が中退の下敷きになっています。高校生の段階で中退の問題に対処しようとしても無理です。

要するに、このような子どもはかなりの率で中学生のときに不登校を経験していますから、いきなり何か事件が起きて高校中退が発生するというわけではないです。これは、高校の現場におられると分かると思います。

親の最終学歴が中卒、高校中退というのもやはり多いです。二〇一一年に私が実施した調査によると、生活保護を受け、十八歳以下の子どもを育てている首都圏四〇五世帯の五割弱の親は中卒もしくは高校中退でした（図６）。つまり親の学歴も非常に低い。親も学習経験がないので、学校文化に対する理解が非常に低いのです。

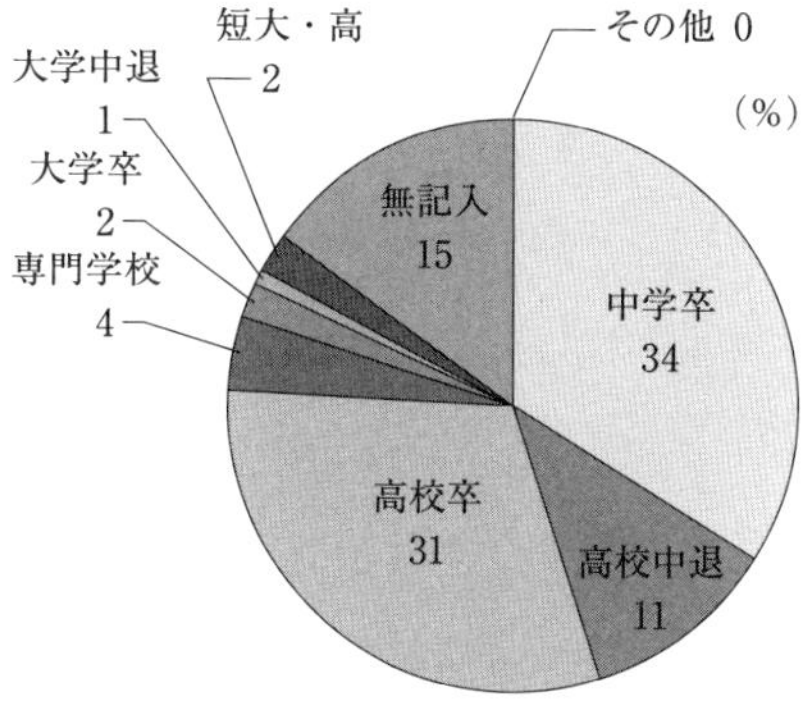

（首都圏405世帯、2011年青砥調査）

図６　生活保護世帯の親の学歴

貧困層の子どもたちが社会的排除を受ける理由の一つは、親や家庭のリスクです。たとえば家庭崩壊があります。ひとり親世帯が約八割と非常に多く、家庭崩壊が起きています。家庭崩壊の前には両親の対立や不仲という問題があります。なかには親の自死という問題も発生しています。そして、そのなかでＤＶが発生します。虐待も発生します。親が精神疾患や障害をもっている率も高いです。それでネグレクトが発生します。外国人の親をもつ子どもも結構います。日本語を話せない親が世間から孤立し、精神疾患を患うということも発生しています。また、反社会的な問題を抱えた親もいます。私が調査したなかにはこうしたいろいろな親がいました。

このような状況のなかにある子どもたちが、元気に学校に通える、学習意欲がある、学力が高い、学習の習慣がある、社会にマッチした行動ができる…といったことはかなり稀です。いじめの問題も抱えています。先ほど「貧しい人は結果だけを求められる」という話がありましたが、責任もすべておまえたちにあるのだと問われて、反論することができない。そういうリスクをもつなかで社会から孤立していく若者たちが大量に出現しています。

子育て世帯の深刻な家族の障害や疾患

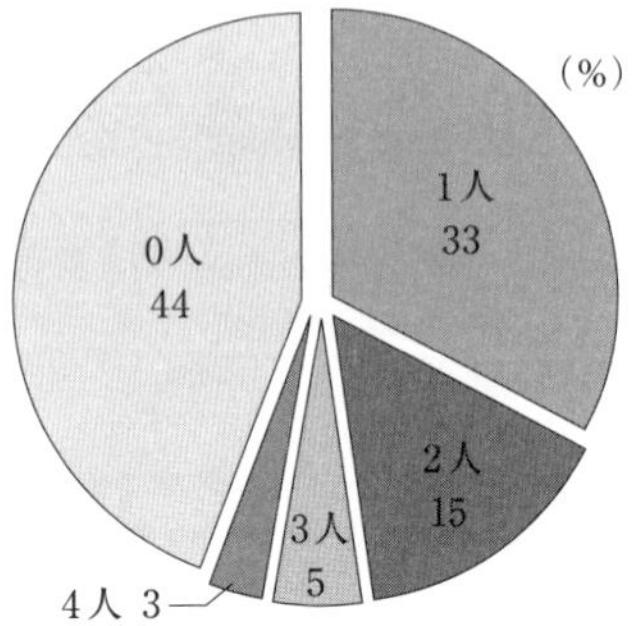

（首都圏405世帯、2011年青砥調査）

図７　健康状態について、「身体障害・疾患」「精神障害・疾患」「知的障害」、「疾病」の有無

図７も私が二〇一一年に実施した調査の結果ですが、生活保護を受け、十八歳以下の子どもを育てている首都圏四〇五世帯のなかで、深刻な障害や疾患を抱えている者が一人いる家が三三パーセント、二人いる家が一五パーセント、三人いる家が五パーセント、四人以上いる家が三パーセントとなっています。生活保護を受けている子育て世帯の半数以上が、このような障害や疾患の問題を抱えているわけです。両親がそろっていて所得が相当あっても子育てが困難という状況もある昨今、こうした家庭における教育には本当に深い貧困の連鎖状況が存在しています。

先ほど申しました通り、われわれは生活保護世帯の子どもに対する学習支援事業を展開しています。学習教室は十八時から二十時までで、終了後には振り返りをやります。「誰々が今日はこういうことをいっていた、ああいうことをいっていた」というものを出し合い、支援をしてくれているボランティアの学生たちが話し合います。定例会も実施し、議論を重ねます。ほぼ同世代の若者たちが、中学生や高校生の困難さと生活の様子に向き合い、いろいろな問題があることを理解していくわけです。

学びを通じた居場所作り

「学びを通じた居場所作り」ということを私は主張し続けています。現在、子どもの世界も学校も二極化しています。学校間格差は今後一層激しくなるでしょう。お金が投入されるのは公立学校でも圧倒的に進学校に偏っています。機会標準化を掲げるのであれば、本当はそれではいけないと思います。スタート時点にあまりにも大きな差があるわけですから、社会の力で解決するためには下位層のためにこそお金を投入する必要がありますが、実際はそうなっていません。

皆勝ち組のほうに目が向いています。さいたま市には宇宙飛行士になった方がいらっしゃいます。彼は市内で一番の進学校出身なのですが、第二、第三の彼を作ろうという壮大なイメージがあります。それが駄目だとはいいませんが、親の支えもなく学校の支えもない一番弱い子どもはどこに行くかというと、公立の通信制学校に行くわけです。公立の通信制学校に通い、ほとんど学習サポートもないまま放置されるわけです。そこには部活もなければクラスもありません。埼玉県内の公立の通信制学校には五〇〇〇人が在学しています。けれども卒業するかどうかは本人の責任ということになり、中退者が非常に多いです。こういう学校が、全国どこにでもあります。

	学費等総額					合　計
	幼稚園	小学校	中学校	高等学校	大　学	
	669,925	1,845,467	1,443,927	1,545,853	4,366,400	9,871,572
高校まで公立，大学のみ私立					(平均) 2,876,000 (自宅) 5,332,000 (下宿・アパート)	 8,381,172 10,837,172
	1,625,592	1,845,467	1,443,927	2,929,077	6,239,600	14,083,663
小学校及び中学校は公立，他は私立					(平均) 5,175,200 (自宅) 7,905,600 (下宿・アパート)	 13,019,263 15,749,663
	1,625,592	8,362,451	3,709,312	2,929,077	6,239,600	22,866,032
すべて私立					(平均) 5,175,200 (自宅) 7,905,600 (下宿・アパート)	 21,801,632 24,532,032

(2009年文科省白書)

図８　大学までにかかる教育費

学校の二極化というのは、学校の文化を受け入れられない層の存在を示しています。そうした層の子どもたちには、学校文化を押しつけるだけではいけないと私は思っています。学校で重要視する言語＝論理的思考——文字の文化（リテラシー）の認識課程——とは別に、直観＝場面的思考——声の文化（オラリティ）の認識課程——を地域の企業、工場、農家等で育み支え合えるような仕組みがあっても良いのではないか、というのが私の最近の強い主張です。学びを通じた居場所作りというのは、簡単にいえばそんなことです。

最後に少しデータを紹介します。図８の、大学までにかかる教育費

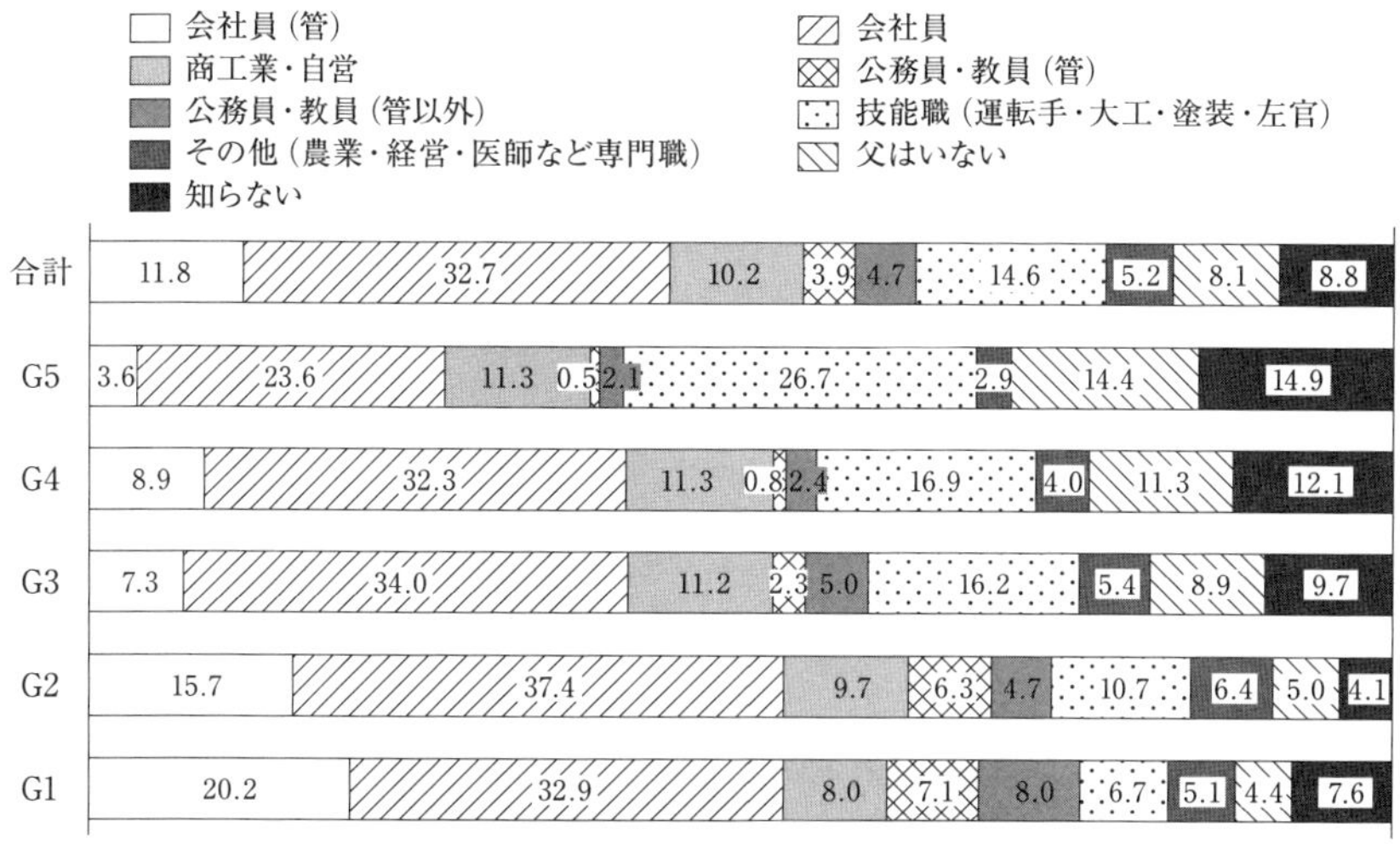

（2008年12月　埼玉県立高校の生徒1,200人の調査）

図９　父親の職業と学力格差

（高校まで公立、大学のみ国立の場合：九八七万一五七二円、小学校及び中学校は公立、他は私立の場合：一四〇八万三六六三円、すべて私立の場合：二二八六六万六〇三二円）に関してはご存知の方も多いでしょう。これは二〇〇九年に文部科学省が発表したもので、私が『ドキュメント高校中退―いま、貧困がうまれる場所―』という本を書いたときにもこのデータを使用しました。

図9は父親の職業と学力格差に関するものです。埼玉県立高校の生徒一二〇〇人に対して二〇〇八年に実施した調査をまとめたもので、G1からG5までを記しています。当時一五〇校の高校がありましたが、入学試験の点数でG1からG5まで分けました。G1が埼玉県のトップ進学校三十校のグループです。G5が一番低い、定時制高校等三十校のグループです。

トップの進学校G1グループと最下位のいわゆる底辺校G5グループの父親の職業を比較す

ると、会社員の数がほぼ半減しています。公務員と教員の割合はG1グループでは一五パーセントですが、G5グループでは三パーセント以下です。一番目立つのは技能職で、今度は逆にG5グループのほうが圧倒的に多くなっています。G5グループは父親がいない、父親の職業を知らないという回答も他と比べて最も多いです。G1グループの父親の職業は安定しており、逆にG5グループは安定性が非常に低いという状況がみて取れます。

学力格差という問題を解決するためにまず重要なのは、大人の所得格差の緩和や雇用・社会保障といった社会基盤の整備を通して親の世代の貧困を防ぐことです。次に、親の文化資本の不平等に対する介入をできるだけ早い段階から始めることです。そして、学力格差を緩和するために学校、地域に優れた人材と資源を投入する必要があります。学校だけで今の子どもの格差と孤立に対応することは不可能です。学校にはソーシャルワークの力はなく、教員の能力も限られています。学校内でできなければ、学校と外部資源を繋ぐしかありません。外部連携をしていくことを考えなければいけないのです。そうしなければ今の子どもたちの貧困と孤立の現状に、この社会は適切に向き合うことができないと思います。

負の連鎖を断つ
―高校における教育エンパワメントの試み―

早稲田大学教育・総合科学学術院教授　菊地　栄治

こんにちは、菊地です。本日の発表タイトルには「負の連鎖を断つ」と記しました。これは少々大げさで、負の連鎖は断ち得ないというか、非常に難しい問題だと思いますが、なるべく負の連鎖を断ちたいという願いをこめてお話をさせていただきたいと思います。

貧困の自分史

まず自分のことから少しお話したいと思います。私は愛媛県の山の中に生まれました。農村に生まれ、非常に貧しい生活でした。家は代々農家だったため農業を継ぐことを宿命づけられていましたが、私は裏切ってここにいるという非常に親不孝者であります。ひと昔前の子どもたちがそうであったように、頻繁に家業を手伝っていました。大学院生の頃、「なんで菊地君は休みになるとすぐ愛媛に帰るの?」といわれながら、実家に帰り農作業を手伝っていました。研究所に勤めていたときは、「なんで公務員なのに田んぼの草を刈っているの?」と笑われましたが、そ

のくらい皆で働かなければならないというような生活でした。

父親には、「中学校を卒業したら農業をやれ」といわれていました。母親が反対してくれそれは避けられたのですが、大学受験のときは、まず私立はダメ、一校しか受けてはダメ、現役で進学しなければダメ、という親に都合の良い論理に絡め取られ、一校だけ受けました。高校のときも奨学金を受けていましたが、大学に入っても奨学金を受け、大学院に入っても奨学金を受け…。奨学金がなかったら私は今ここにいないと思います。また、授業料減免措置というものも受けていました。

貧困論というのは、どうしても上から目線の傾向があるのではないでしょうか。たとえば、本当に大学に皆が行かなければいけないのかという部分も疑問に思っています。本来、大学に行かなくとも地域でしっかりと生きていけることが社会的に保障されていれば良いわけで、大学に行くというのが絶対というものではないと思います。そういう意味では人権や尊厳をしっかり認識し、関係性がもう少し豊かな社会を創っていくことが大事ではないかと思っています。昔の貧困と今の貧困を比べると、ただお金がないというだけの話ではなくて、今の貧困は関係が切れているという点でより深刻です。親との関係も地域との関係もそうで、若者を育てていくような環境が昔と今とではまったく違っています。今の社会は非常にしんどい社会になってきています。そのしんどさが集中して孤立化が進んでいるのではないでしょうか。今の時代の「生きにくさ」をきちんと理解することが解決の出発点になると考えています。

貧困の再生産＝正当化装置としての学校

十年前に、学力の層によって授業料の減免率がどのように変わっていくのかという調査をしたことがあります。当時高校は公立学校でも授業料を取っていたので減免措置制度もあったわけですが、第Ⅰ層（学力が高い進学校）から第Ⅴ層（教育困難校、指導困難校といわれるような高校）までを分けて比較しました。結果は、公立学校も私立学校も、明らかに第Ⅴ層のほうが減免率は高いという結果が出ました。当時はこれに驚いたものです。こういう構造は今も変わっていません。

その後、「後期子ども」という、十五歳から三十歳あたりに焦点を当て、その人たちの生きにくさがどのように出ているのかを調べ、仮説的に図10のようなものを作成しました。この図は、彼らの生きにくさの背景には、「当事者による連鎖」と「社会成員による連鎖」の二つの道筋があるのだろうということを示しています。今、もっぱら話題になっているのは左側の当事者側の話で、右側の社会成員側の視点は割と見落とされています。つまり、そういうことを当然だとしてしまうような眼差しや考え方があるからこそ、今の社会が維持されているわけです。この両者が二つの道筋となって、生きにくさが維持され、拡大再生産されているといえるのではないかと

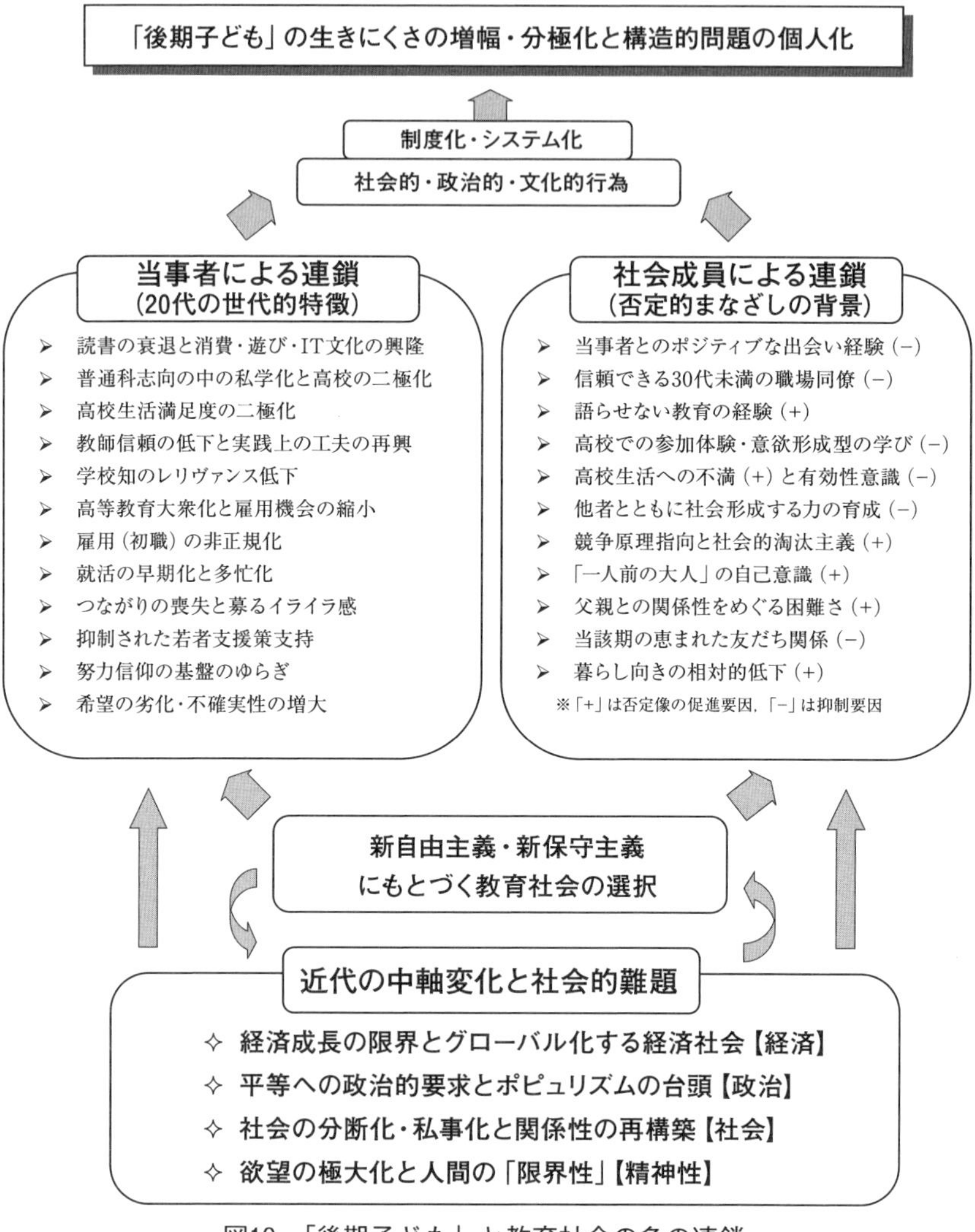

図10　「後期子ども」と教育社会の負の連鎖

思います。

右側の「社会成員による連鎖」の方を少し重点的にみてみましょう。やはり生きにくさを抱えている若者と実際に関わっている経験があるかないかによって、若者に対する否定的な眼差しは大幅に変わってくることがわかりました。実際に目の前のしんどい層の若者と言葉を交わし、一緒に過ごすという経験がその人の眼差しを変えていくのだということがデータを通して明らかになりました。また、参加型の学びというのは馬鹿にできません。参加型の学びを高校でやった経験のある人たちは、割と若者に対するネガティブな視点が薄くなるということもわかりました。右側の道筋は、社会を変える重要な視点です。左側の「当事者による連鎖」に着目し改革を推進することももちろん大事なのですが、社会を成り立たせている大衆の意識を変えていかないと、おそらく今の構造は変わらないと思います。

根っこにあるのは、新自由主義、新保守主義と言われるようなものです。どういう方向性を私たちが選ぶかどうかということが、このような意識や若者を育てていく仕組みに直接反映していきます。根っこをもっとたどっていくと、「近代の中軸変化と社会的難題」とここには書きましたが、経済、政治、社会、精神性からまとめられます。根っこの部分が大きく変わっていかないからこそ、この二つの道筋が強化され、結果として若者の生きにくさが生まれているのではないかと考えました。このような視点でものをみていきたいというのが、私のこだわりとしてあります。

しんどい家庭の子どもたちはしんどい高校へ行くという傾向が顕著にあります。さらに、しんどい高校に行った生徒は、そこで他校とはかなり異なる経験をします。たとえば部活動がありますが、超しんどい高校では部活ができません。なぜできないのでしょうか。私も最初は不思議だったのですが、生徒はアルバイトで生活を支えている、支えざるを得ないのです。そういう立場に置かれたときは、もう選択の余地はなく部活を辞めてアルバイトに行かなければならないわけです。そういう構造がまずあります。

それから高校階層の問題があります。入った学校によって中退率というのも明らかに違います。そして高校の選択は、その後どういう進路をたどるかということにも大きな影響力を持ちます。特に進路未定層の割合は決定的に違います。超しんどい学校においては、全体の半分ほどが進路未定層ということも多々あります。大学全入時代ですから、結局のところ大学に逃げる傾向があります。お金のある人は、とりあえず大学に押し込んでおこう、となるわけです。大学に行くお金を払えない方々が、非正規雇用を中心とした進路に就かざるを得ないという構造的な問題があります。

また、高校の先生というのはベテランの先生ほど進学校に配置され、しんどい学校には若手の先生が赴任するという構造があります。やはり先生方は、「あと何年ここにいれば済むのか…」と指折り待つわけです。だいたい三年で手をあげ「もうちょっと我慢しろ」といわれ、ようやく六年でシフト、というようなかたちです。このように、先生方の意識のなかにも、自分はこんなことをするために高校で教師をしているのではないという気持ちがありますので、高校の先生方の意識と教員配置の問題ともリンクしているといえるかもしれません。このようなかたちで、学校を通じて、そして高校教育を通じて負の連鎖は繰り返されてきたのでしょう。

可能性としての高等教育

「貧困は貧困を問うこと」と書きました。分かち合えていないという状態から貧困が起こっており、今を貪っているような人びとのあり方が貧困にリンクしているのだと思います。広井良典先生もおっしゃっていますが、教育を社会保障として捉え直すことがどうしても必要です。今の教育は、グローバル社会に適応できる人材を育てるための一種の投資として捉えられる傾向があります。単純にいってしまえば、人を育てて金儲けし何とか回していこうという発想なのですが、そもそも教育というのは社会保障なのではないでしょうか。そういう発想に立つことが非常に重要だと思います。

もうひとつの可能性として「そぎ落とし」としての教育を提案したいと思います。現在は、あれもこれもという形で、その人その人を強くしていくための教育がまかり通っています。先ほど青砥先生が指摘された通り、進学校の重点校にはかなりのお金が投じられます。優秀な人は放っておいても育つのです。むしろ放っておいたほうが、オリジナリティのあることを考え実践します。そこになぜ、あえてたくさんの投資をするのでしょうか。這い上がってくる人だからこそ、優秀なわけです。這い上がった経験があるからこそハングリーになり、他の人に対するある種の感謝の気持ちが生まれると思うのですが、当然のように投資されたなかでぬくぬくと養成されるというのは、エリート教育という視点からもどうなのかなと思います。

奨学金制度に関しても、先ほど大内先生からございました通り、正常化するというのが大前提で、これがないと始まらないと思います。また、マクロな改革をどんどん実施していく必要がありますが、もうひとつそれをつなげていくような、先ほどの図10の右側を含め、メゾレベルとミクロレベルの改革という両輪が必要かと思います。そういう意味で高校教育というのは、大学に入れるためや就職のためだけではなく、一人の市民を育成しこの社会を支える中核的な存在だと考え、私は高校教育に着目しています。

「貧困の連鎖を断つ」というのは、口でいうのは簡単なのですが、そう簡単にはできないものです。ただ、多くのヒントを与えてくれる高校が世のなかにはたくさんあります。粘り強く取り組まれている高校が多数あり、そういった取り組みから学ばせていただきたいと考えています。何を学ぶかというと、アマルティア・センの言葉を借りると「潜在能力」です。同じ資源を投入してもそれをうまく自分の力として外に発揮できない、ということがありますが、それを十分に生かせるような「溜め」を作り出すこと、そして主体を育てていくことがこれからは重要だろうと思います。

大阪府立松原高等学校の試み

本日は、大阪府立松原高等学校（以下、松高）の取り組みを紹介させていただきます。松高の試みというのは、貧困問題がまさにその出発点にあります。更池という被差別部落がありまして、そこに自分たちで創ろうという運動をして創られた高校です。地元の中学生が一九七二年に署名運動をしました。当時は高校が足りておらず、増設期だったのです。当時、被差別部落の地域の人たちの進学先は、生野高校という進学校か、あるいは私立学校しかありませんでした。私立はお金がないので行けないということで、進学先がなかったのです。そこで「地域に学校を創ってくれや」と生徒会が中心となり署名運動をし、大阪府の教育委員会と交渉しました。今では考えられないですが、生徒が学校を創ってくれと交渉するという風景がありました。非常に熱い思いが結実して創られた学校です。

その際に、高校づくりを巡る三原則（差別を許さない、地域に根ざす、落ちこぼれを出さない）というものがありました。歴史の必然として、「しんどい生徒」をど真ん中に据えるということが行われたわけです。この地の当事者のみなさんの偉いところは、そういう信念を曲げないでずっと守り続けてこられた点です。地元校育成運動といいますが、歴史的に見ても非常に稀有な運動が松高を中心に起こりました。

時間軸に沿って話を進めると、松高はこれまで五つの危機に直面してきました。まず一つ目の危機です。一九七四年に普通科高校として新設された松高ですが、当時は新しい高校を創っても、新設校というのは「しんどい高校」にすべて落ちていくと位置付けられておりました。「一本の大根」として、葉っぱの部分も根っこの部分も皆ひとつの層として松高に送り込むという運動が中学校から出てきました。しかしながら、この運動は失敗します。差別事件が頻出し、さまざまな形で問題事象が起こったのです。

この運動への反省もあり、一九七九年に準高生という制度が始まります。これもやはり地元の中学生が、「中学で一緒に勉強していた知的障害の仲間たちとなぜ同じ高校に通えないのか」ということで二万人の署名を集めて運動をしました。それをはねつけなかったところが大阪府らしいと思いますが、大阪府教育委員会は、交流生という形で、ホームルームのみなら交流して良いという許可を出しました。それで教員数が増やされたわけではないのですが、最初の年度は二人の知的障害の生徒が入学しました。交流生のことを松高では準高生といっています。これはインクルージョンのひとつの先駆け的な取り組みです。現在、大阪府では十一校が、自立支援コースとして知的障害のある生徒を定員化（一校三人）して受け入れています。この松高の運動がなかったら現在の自立支援コースは生まれていなかったかもしれません。この準高生制度が始まり、さまざまな差別事件がなくなっていきます。知的障害の仲間が入れるクラスづくりをしよう、学べる授業をしようと、彼らを受け入れるための学校一丸となった努力が功を奏したのでしょう。

二つ目の危機です。今度は学級崩壊問題が起こる前、「新しい荒れ」というのが一九八〇年代の終わりごろから出てきます。座学の授業が難しくなり、そこで松高は自由選択講座を導入しました。普通科のため追加の予算措置がなく、先生方が手弁当で実施しました。このとき中心になって動かれたのが易寿也先生という方で、「一人一講座提案してください」と先生方にお願いして回り、生徒の生活状況、地域で生きていく出口の問題等も勘案しながらさまざまな講座を創っていきます。

たとえばカウンセリングの講座というのがあります。これは生徒がカウンセリングを学ぶ講座です。あるいは上方漫才講座というものもあります。抑圧された人たちの表現方法として生まれた漫才の歴史を学び、コミュニケーションのスタイルという視点からも漫才を学びます。その後、地球市民入門やソーシャルケアセミナー等、福祉教育の実践でも松高はある種の先進校として位置付けられたのですが、そういう取り組みの先陣を切るような講座がどんどん創られました。これは、先生方自身が主体的に考えることをやめなかったことを示す好例です。生徒のために何ができるかを積極的に考え自分たちで切り拓いていきました。ここから参加体験型学習の取り組みが広がっていきます。

それから三つ目に起こった危機ですが、手弁当主義で、先生方がかなりしんどかったのです。普通科のなかで先生方は多忙を極め、「これは維持していくのはちょっと難しいな」となりました。そのとき国で総合学科を創ろうという動きが起こりました。大阪府では一九九六年に三校が創られたのですが、そのうちの一校として松高が名乗りをあげました。このとき、松高は「生き方を学び、学び方を学ぶ」というコンセプトを掲げます。松高は国が打ち上げたものを鵜呑みにしてそのまま下ろしてくるのではなく、自分たちのコンセプトを大事にして、非常にしたたかに戦略的に動くようなところがあります。今でいうキャリア教育の先駆け的な概念だと思いますが、このようなコンセプトを発想しました。「信頼と絆」や「他者&選択が育てる主体」という考え方がここから生まれていきます。

四つ目は、総合学科になってしばらくして出てきた「総合学科って自由ちゃうの？」という考えです。「自由さ＝総合学科」というイメージで生徒が進学してくるようになりました。「松高自由やで」、「何でも許してくれるで」といった生徒が入ってくるようになり、新たな問題が生まれてきます。そのときに、授業規律を真剣に考えていこうということになり、春先に実施するホームルーム合宿のプログラムの組み直しや松高のコンセプトの再検討が進められました。新たなコンセプトは「優しい力と三つの「ワ」」というものです。「ワ」というのはひらがなもしくはカタカナで書いていますが、コミュニケーションの「話（ワ）」、互いを思いやる「和（ワ）」、違いを認め合い共に生きるという「輪（ワ）」を指しています。学校協議会も含め皆で考えていきました。

最後五つ目は、学力信仰による総合バッシングです。これは一部教育社会学者の責任もあるかもしれませんが、「総合なんてダメだ」というふうに伝わってしまったのです。実際に松高でも「産業社会と人間」と「課題研究」を一年と三年にそれぞれやるわけですが、それらをつなぐものがないと反省的に捉えられました。そこで導入されたのが「論理コミュニケーション」という考え方です。論理コミュニケーションというのは、学力の概念をつないでいくという試みです。一年生の国語総合、それから三年生の評論や小論文等で論理コミュニケーションというのを学んでいきます。慶応大学の卒業生の方に入ってもらい、物事を論理的に考えていくためのトレーニングを展開しています。

以上、五つのリスクをあげましたが、やはり先生同士がお互いに鍛え合い、つながり合い、先生方のなかに「溜め」を作ることで解決がなされていったのだと思います。

全体を少しまとめます。しんどさを語れる空間を創出することがとても大切です。まず、ネガティブなこと、自分のしんどいことも語れるようなクラスを創ろうということです。今の時代風潮としては、皆できるようにならなければいけないという空気が存在します。できないことはいっぱいあり、できないことそれ自体にすごく意味があるわけですが、それをなぜかすっぽり抜かしています。

それからホームルーム合宿のなかでの関係づくりです。民間の団体の方が入り、プログラムを一緒に作っています。開始当時としては非常に画期的で、高校が人間関係づくりをやるというのは稀であったのですが、二泊三日でいろいろなワークをしてお互いの関係を深めるということを今もやっています。場をつくるうえでも関係づくりはすごく大事で、共同体的な窮屈な関係づくりではなくて、お互いに聴き合うというか、お互いに対して尊敬の念をもって聴き合う、そういう関係づくりはどの世界でも必要だと思います。

「産業社会と人間」という科目も、松高流に変えていくという部分があります。産業社会にどんな問題が潜んでいるのかということを地域から離れたところで考えるだけではなく、地域にどういうふうな問題があるのかを学びます。この科目はグループでコンペティションを実施していますが、松高の「産業社会と人間」のテーマを時系列的に見ていくと非常に面白いことがわかります。すなわち、すごく身近なところに問題設定・課題設定をするようになってきています。ここしばらくは、自立支援生にとってクラスの仲間としてどういうことができるかということを具体的な提案として考えグループワークをしています。

それからピア・エデュケーションの試みも、松高の取り組みの特徴の一つです。たとえばホームルーム合宿に行くときに、先輩の二年生がピア・カウンセラーとして一緒に行って、一学年上

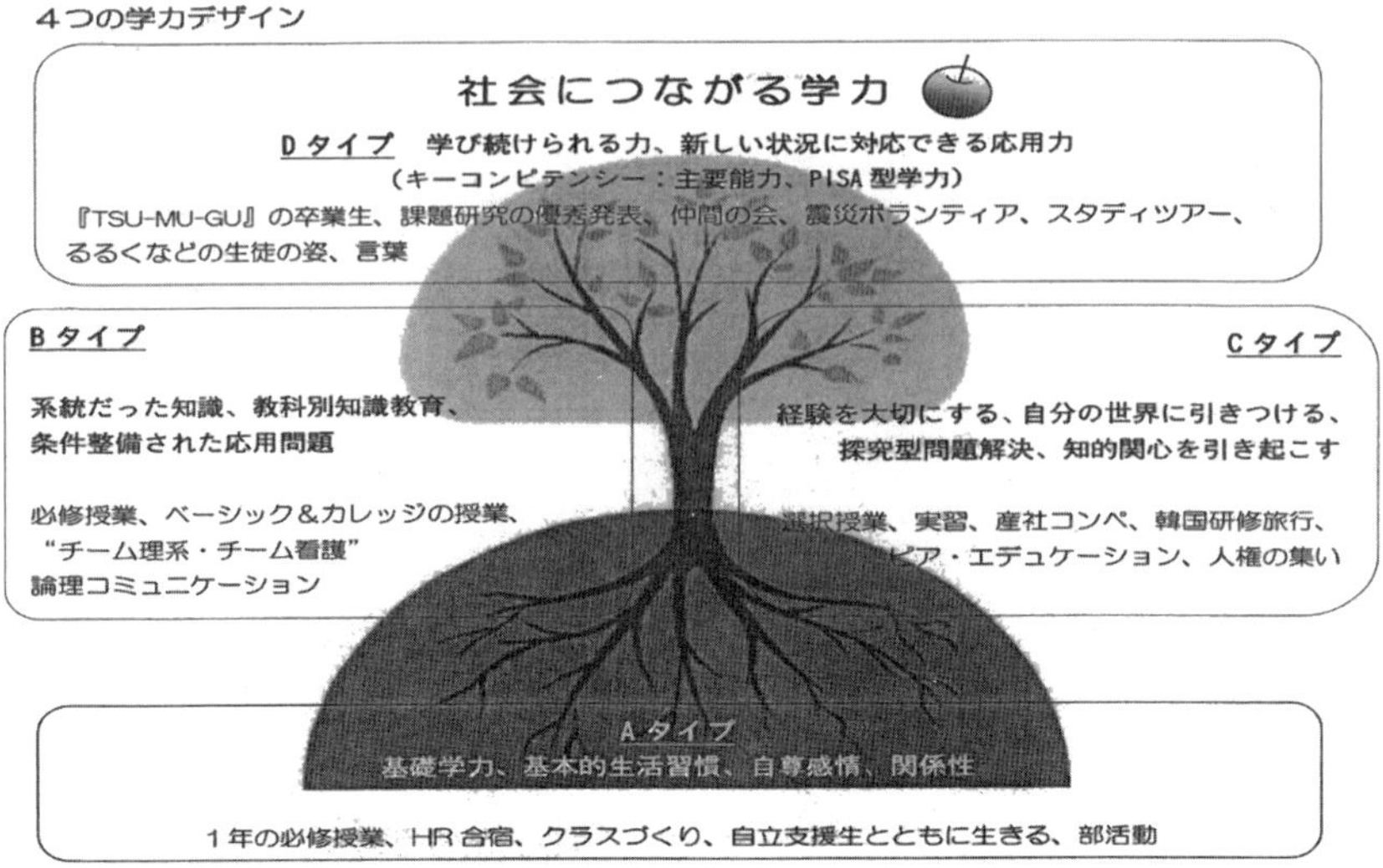

出所）大阪府立松原高等学校学校協議会2014年６月21日配付資料（同校作成資料）。

図11　優しいチカラの構造

の先輩としていろいろなことを、ファシリテーターのようなかたちで入りアドバイスをする経験を重ねます。これは、松高が歩んできた歴史の所産だといえるかもしれません。

ところで、松高では、学力の中身を独自に検討しています。Aタイプ、Bタイプ、Cタイプ、Dタイプと四つの学力がデザインされています。Aタイプはすべての基盤となる力、Bタイプは系統的知識と論理的思考、Cタイプが探究的思考と問題解決力、Dタイプが社会に飛び立っていく力、状況対応と持続的な学びというものです（図11）。

Aタイプというのは、非常に松高的な力です。一年の必修授業、ホームルーム合宿、クラスづくり、自立支援生との関わりのなかで育んでいくような、人との関係性や一人ひとりの基礎的な学力、基本的生活習慣、あるいは自尊感情、学力のベースとなるものです。

このAタイプというのは、まず根っこを作っていく部分です。Bタイプは系統だった知識、教科別の知識教育、あるいは条件整備された応用問題といった従来的な学校の学習です。Cタイプは参加型学習の中で学ぶような力です。経験を大切にする探究型の問題解決学習です。そして最後のDタイプが、社会につながる学力です。学び続けられる力、新しい状況に対応できる応用力、キーコンピテンシーと呼ばれるものです。こういったものは卒業してから発揮される部分でもあります。社会に出て証明されるような力といえるでしょう。A、B、Cの学びを通して具体的に社会に出ていって表現されるような力です。こういった学力を松高では「優しいチカラ」と呼んでいます。その基本的な構造を踏まえたうえで全体的なプラニングをしています。すべての実践が「ため」になるために、「溜め」を作る。こうした考えを中心に置く学校づくりがなされています。

基本的には、生徒を知り、それを共有するということを大事にしています。生徒の名簿があり、その生徒がどういう状況を抱えているかということを一覧にして、先生方が共有して持っています。職員室の中で生徒の話がたくさん出ます。「何々君、今日は頑張っていたな」というような話が、普通に固有名詞入りで飛び交っています。それは高校としては珍しいことです。しんどい高校ほどこういうことが必要で、これがないと絶対にうまくいかないと思います。誰も知らずに放っておかれる生徒がどんどん出てきます。生徒を知る、そして共有するということが重要です。松高は、生徒をエンパワーすることも上手です。こちら側が機械的・操作的に何かをさせるというのではなくて、生徒自身が気づいて、生徒自身が関係性を作って動いていけるように力づけます。

それから、これはすごく重要だと思うのですが。この前、易先生がこういうことをおっしゃっていました。「同僚性とよくいうけれども、何回同僚性といっても同僚性は育たない」と。やはりどれだけ個々で裁量を持っているかということが大事で、今の社会はその裁量が非常に少ないです。それぞれの先生が決められる範囲がとても小さくなっています。そのためにお互いに学び合うということが起こらず、鍛えられないというところがあります。学校は批判されて後ろ向きになればなるほど間違えを犯さないように範囲をどんどん狭めて、慎重になり裁量を小さくしてしまいます。今はライン型で上から下に流されているので、余計にそれができにくくなっています。松高が他の学校と一番違うところはそこです。先生方が自分たちで覚悟しています。絶対そこは譲れない、自分たちで決めるという「軸」があります。大変なことだけれども、そこが先生の本当の生命線だろうと思います。そしてそれが、文化として創られ、次の代に受け継がれています。

奨学金に関しては、丁寧に情報を収集し共有し、不条理というものを許さない一貫したスタンスを貫いています。「未来への自分」ということで、実際に将来どういう生活になるか、非正規雇用だったらこうなる、正社員だったらどうなるというのをまず考えます。それから、どのくらいの収入があり、その収入の範囲でどんな生活ができるかということを実際に選択します。ペットを飼うと年間どれくらいお金がかかるのか等、非常に細かいところまでシミュレーションをしてイメージするようなワークをしています。

最後のまとめとして、負の連鎖を断つためには、やはり「溜め」を育む高校教育が重要だろうと述べたいと思います。関わり合う主体を育てるような高校が、これからどんどんできていくことが必要です。つながりを構築する力をつけるトレーニングを高校の先生がしていくことも重要でしょう。内と外の阻害要因を取り除き教師の多忙化を克服すること、先生方の裁量を狭めてしまうような仕組みを変えていくことも必要です。それから、青砥先生もおっしゃっていましたが、学校だけではできないことがたくさんありますので、そこを明確にしなければなりません。子どもの潜在能力の育成に着目した対等な目線での社会保障、これを目指し抜本的な改革をしていくことがもう一方で必要かと思います。

総括討論

〔司会〕早稲田大学教育・総合科学学術院教授　小林　敦子

小林：短い時間ではありますが、これから総括討論を始めさせていただきたいと思います。

大内先生からは、日本の社会が構造的に変化している状況に関して、充実したデータをふまえて議論を展開していただきました。次の登壇者の青砥先生からは、高校中退という非常に深刻な実態があるなかで、今後の社会はどうあるべきか、政策的にどうあるべきかといった具体的な提案がなされたように思います。最後の登壇者である菊地先生からは、大阪の高校の事例を紹介いただき、どのようにすれば負の連鎖を断つことができるのかといった、希望を与えてくださるような報告がありました。ぜひ積極的に質問をしていただければと思います。よろしくお願いいたします。

会場A：教職研究科の学生です。現職の高校教員でもあります。昨年、進路指導の担当をしていた際に奨学金の話題になりましたが、奨学金の現状を考えると、「家にお金がなくても、一生懸命勉強を頑張れば奨学金が借りられるから大丈夫」とはいえる状況にありません。学力が高い高校ではないため、進学できる大学も限定されています。大学を卒業し就職した後に奨学金を返済しながら人生を歩むのと、高卒で就職をしていくのと、どちらが生徒にとって幸せなのか考えさせられました。私が受け持っていたクラスのなかにも、奨学金を巡る諸事情を考え、進学を断念し就職した者がおります。いいかたは悪いですが、底辺校の子どもたちが通える大学に進んで第二種奨学金のお世話になるのと、進学せずに就職するのと、実際はどちらのほうが良いのでしょうか。

大内：簡単に答えるのは難しいですが、重要な質問です。トレンドをみると、約二十年前に二五パーセントだった四年制大学の進学率が現在は五〇パーセント前後にまで上がっています。特にここ十五年、世帯収入が上昇していないにもかかわらず進学率が上がってきたという理由のひとつには、一九九二年をピークに高卒の求人が激減していることがあげられます。一六〇万人台だった求人数は、現在は二十万人を切っています。高卒の正規就職先がほとんどないという地域が全国各地に登場しています。求人倍率が〇・二くらいのところもありますから、地域によっては「選り好みをしなくても八割は決まらない」という状況があるわけです。そうなると、とにかく大学に進学させるしかないという状況が生まれます。

ただ、おっしゃる通り大学を卒業しても大変です。しかも、大学を卒業しても正規職に就けないという学生が多くいます。同じ非正規だったら、奨学金返済という名の借金を背負っていないほうがましだという見方も出てくるでしょう。やはり、大学に進学する、奨学金を借りるという話の前提として、親に返済能力があるのかないのか、あるいは選ぶ学部はどこで、将来の所得はどれくらいを見込めるかといった話をしていかなければなりません。「大学に進学する方が将来の生活にとって有利だ」という一般論はもう成り立たない段階になっていると思います。

この二～三年、これだけ大学に入りやすいのに四年制大学の進学率が停滞していることの要因のひとつには、奨学金の問題性への認識が人びとに浸透してきたことがあるのではないかと思います。借金の上乗せをしてまで大学に行かせないという家庭が増えています。名古屋市内の工業高校でも、国立大学の合格を蹴る高校生が登場しています。高校生のアルバイトが家計補助に代わってきているところまで貧困が進んでいますから、大学に合格しても行かせないということが出てきます。

ですから出されたご質問に、どちらが良いかというのは一般論としては答えられませんが、高卒の就職率の悪さと大学進学率の上昇、奨学金と大学卒業後の就職の困難という問題が、その根底にあるといえるのではないでしょうか。

小林：大内先生、どうもありがとうございます。時間の関係上、先にまとめてご質問をお伺いさせていただきたいと思います。

会場B：われわれが現代社会に抗することができないという現実があり、なかなか思うように家庭と子どもたちの将来をうまく成り立たせられない状況があると思います。家庭の力が弱くなり、結局それで日本経済も衰退していく方向にあるのではないでしょうか。この状況から復帰できるかできないか、今まさに瀬戸際で最後のチャンスが与えられているのではないかと考えています。親子が精神的にも物質的にも心をひとつにして、それで世の中に対して打ち克つ力をつけるというような状況を作っていかないと、日本社会全体が持続不可能な状況に陥ってしまうというのが私の考えです。ご意見を伺わせていただきたく思います。

会場C：県立高校で養護教員をしております。菊地先生からアドバイスをいただきたいと思います。学校で生徒の話を聞いていると、話の内容に困難を感じるような生徒がたくさんいます。どこから解決の糸口をみつけたら良いのかが分からないことが多いのですが、分からないなりに考えた結果、生徒に絡みついたその困難を引き離すのではなく、これから彼らが社会的にどうやって自立していくのかということを、彼らが高校を卒業するまでの間に一緒に考えたいと思うようになりました。

大阪府の松高の取り組み（図11　優しいチカラの構造）の中にあるDタイプ「社会につながる学力」という部分が、私が抱いている「社会的に自立した大人になる」ということとつながるのではないかと感じました。具体的にどういうことをすると新しい状況に対応できる応用力がつくのか、何かヒントをいただきたいと思います。どうぞよろしくお願いします。

会場D：教育学研究科の学生です。「若者の貧困と学校」という今回の講演会のタイトル自体が結構ネガティブで、中産層でも貧困層の若者でも、明るい未来が見通せない状況が現れているように思いました。こういった方々に、どのようにしたら生きがいを見出させることができるのか、お聞きしたいと思います。

会場E：教職研究科の学生です。鹿児島で高校教員をしていますが、少々疑問が沸いてきましたのでお教えください。ＮＨＫのドキュメンタリーで青砥先生を拝見し、本日直接ご講演をお聞きすることができて嬉しく感じております。本日ご説明いただいた事例ＡやＤの子どもたちは、家計が厳しいため働かないと生活していけないという子どもたちです。先生は、働きながらでも学業を続けるという方向にお声かけをされていたのですが、高校生ぐらいの年代で、働きながら勉強をすることは本当に難しいです。それをアドバイスされたときに悩まれなかったのか、働くことを優先させて、お金を貯めてから学ばせようという発想はなかったのかと感じました。その点に関してご回答いただけましたら幸いです。

会場F：私は、今年の三月までさいたま市で中学校教員をしておりました。教育が困難な地域があり、その困難な地域に赴任した教員はもうギリギリの状況です。毎日保護者から苦情があり、警察から連絡があり、それに対応するために午後八時や九時まで校長先生を交えて会議をしなければなりません。家庭の状況が非常に難しい子どもたちをわれわれ教員が救いあげたい気持ちはいっぱいあるのですが、正直にいうと学校全体が本当にギリギリの状態というところもあります。そういう地域にある学校に異動することを嫌がる教員も多く、一歩引いてしまっている者もたくさんおります。

教員は、自分の力を最大限発揮しようと努力し、経済的に困難な子どもたちを助けようとはしていきます。それを大前提に、行政や教育委員会はそういった子どもたちを救う手立てをどのようにしていくべきなのか。加えて、大学や研究者の方々は行政や教育委員会に対してどのような働きかけをするべきなのか。学校だけで子どもたちの困難な状況を救うのはもう無理です。この点に関して、先生方のご意見を伺いたいと思います。

会場G：教育学研究科の学生です。二点質問がございます。一点目は大内先生へのご質問です。先月、アメリカのスターバックスが従業員十三万五〇〇〇人に対して奨学金を提供する制度を導入するというニュースを拝見したのですが、この制度はどういった効果を期待することができるのか。また日本で同様の制度が導入される可能性はあるのか、ということをお伺いしたいと思います。二点目は菊地先生へのご質問です。ご講演のなかに、子どもたちの生きにくさの背景には社会からの眼差しや大衆の意識というものが大きく影響しているというお話がありましたが、これに対してどのような解決策が考えられるのでしょうか。何か具体的なものがあればお伺いしたいと思います。

会場H：政治経済学部の学生です。大内先生へのご質問ですが、奨学金に回す財源というものは本当にないのでしょうか。集団的自衛権の話があがり、十兆円くらいポーンと予算が出るというようなことがありましたが、どうしてこの国は教育にはそれだけの力を注がないのか、注いでこなかったのかということをすごく疑問に思っています。なぜこのようなことが起こっているのか、お教えいただけましたら幸いです。

小林：ありがとうございます。それぞれの先生方に大変大きな質問が投げかけられました。先生方からご回答及びコメントをいただければと思います。

大内：私に関係あるのは、持続不可能性の問題と、生きがいの問題と、それからスターバックスの奨学金制度と、予算・財源に関するご質問だと思います。私自身も社会が持続不可能となる危険性が深まってきていると思います。年収二〇〇万円以下の人口が一〇〇〇万人を超え、非正規雇用の人口が二〇〇〇万人を超えているというこの状況で、現在の教育の私費負担の構造をそのままにすれば、子どもは生むことはきわめて困難です。ですので、日本型雇用を前提にした高い教育の私費負担構造を根本から変えなければいけない、ということをいい続けるべきだと思います。このように若年層に矛盾を押しつけている状況で、「生きがいを感じろ」というのは無理です。巷には「若者は幸せ」という言説がありますが、あれは若年層の貧困を覆い隠す言説に他なりません。そうではなくて、若年層が置かれている格差と貧困の状況を明らかにしなければなりません。繰り返し、「若年層の貧困化」をごまかそうという論調は出てきますが、ちゃんとデータを出せば若年層が貧困化していることは明らかですから、あのようなまやかしにひっかからないことが重要だと思います。

スターバックスの話は、たしかにそういう企業が登場することは部分的には役立つのでしょうが、個別の企業では限界があると思います。政府は再び、消費税を上げて法人税を減税しようとしています。大企業の膨大な内部留保や増え続けている富裕層の存在を考えても、十分に奨学金の財源はあるはずです。もともと日本の教育予算と高等教育予算は諸外国と比較して極端に少ないということがあります。財源に関するご質問への答えは一つで、なぜそうなっているかというと現在われわれがそういう政権を選んでいるからです。以前は「コンクリートから人へ」といっていましたが、最近「人からコンクリートへ」に変わっています。子ども手当や高校授業料の無償化という試みは早くも挫折しています。もし日本における世代間断層を是正し、持続可能な社会ということを考えれば、何らかの形で教育への公的支出を増やさなければなりません。GDPの三・三パーセントの教育予算、それからGDPの〇・五パーセントの高等教育予算というのでは、どうしようもありません。高等教育予算についてOECD諸国の平均はGDPの一～一・二パーセントとなっていますが、日本はその半分もしくは半分以下の〇・五パーセントです。そのために授業料が高いのです。日本のGDPの〇・五パーセントというのは二・五兆円です。現在の奨学金はすべて足しても一兆円ちょっとですから、GDPの〇・五パーセントを追加で高等教育予算に充てれば、すべての奨学金を給付にすることは可能です。そういうところから考えていくべきだと思います。

最終的には、この話は青砥先生と菊地先生のお話ともつながると思います。確かに本日お話しいただいたNPOや高校の実践といったミクロレベルでの実践は重要で、私もとても勉強になりました。しかしながら、ミクロレベルでの実践をより生かしていくためにも、やはり教育への資源投入は足りなさすぎるという問題点が指摘できると思います。資源投入が今以上に成されてこそ、各NPOの実践や高校の実践がより意味を持ってくるのだと思います。そのとっかかりとして、奨学金問題はとても分かりやすい事例だと思い、今回取り上げさせていただきました。以上です。

青砥：子どもたちの明るい未来に関するご質問をいただきました。決して捨てたものではないと私は思っております。われわれの団体もそのうちの一つですが、貧困問題や格差の問題が頻出するなかで、これを支援しようという団体や地域が次から次へ出てきています。われわれの団体には、今登録しているだけで四〇〇人近くのボランティア学生がいます。すごい数だと思います。一回しか来ない学生ももちろんいますし、毎週来てくれる学生もいます。若い人たちの熱意がすごいエネルギーになっています。地域社会のなかで、学生たちがただ熱意のみで活動するだけではなく、それを地域作りにつなげていくようなスキームを作るのがわれわれの責任であるし、行政の責任であると思っています。

それから働くことと学ぶことですが、やはり両方とも必要なわけです。あの子たちは、働かなければとにかく日々の食べ物を獲得できないのです。ただ、「働けばいいじゃないか」というように投げ出すのではなく、われわれの団体とつながっていることで、そこでいろいろな若者たちと出会えることに意味があります。毎回来なくても良いわけです。半年に一回だけ来ても良いし、三カ月に一回だけ来ても良いのです。疲れたときにほっと一息つきに来てくれれば良いのです。疲れたとき、孤立して迷っているときに来ていろいろな相談をしてくれる、というだけで良いと思います。そういう存在としてわれわれはあるのだと思い、活動を続けています。

それから、さいたま市の中学校教員のかたからお話いただきましたが、まったくその通りで、中学は本当に大変だと思っております。早期退職率がものすごく高く、平均年齢が四十歳代になっていますから。われわれは現在、システム作りの最中です。生活保護、居場所作り、就労支援といった生活困窮者に対する支援活動に関しては、行政との間で話し合いの場を設けています。行政側もいろいろな部局があり頑張っていますが、ご存知の通り行政の手が出ないところがたくさんあります。学校も手が出ない、行政も手が出ないというところに、われわれは最初、ボランティアで取り組みます。ボランティアで活動し、それから成果が出て、「こういうシステムを作れば、確実にこれだけの実績が上がり、子どもたちの支援ができる」ということを証明して、それから行政側から資金を獲得します。予算をどのように獲得していくかということを、地方自治体と研究し議論をするわけです。行政側にも熱心な人はいます。そういう熱意のある人をみつけては、話し合いを積み重ねています。

菊地：マクロな部分とミクロな部分は、やはり両輪だと思います。マクロなところをしっかり変えていく、というのは大内先生に任せるというのもひとつの手です（笑）。いろいろな人が発言をしていく必要があります。もともとの分母があまりにも小さすぎるというのは明らかですから、やはりしっかりデータに基づいて主張していくことが必要になってくると思います。それから青砥先生もおっしゃっていた通り、必ず行政にも可能性のあるところがあります。大きな話と、グラスルーツな実践が両方必要かと思います。たとえば、先ほど「大学に進学させてどうなるの」という話がありましたが、同じ質問を松高の先生にしてみたところ、看護学校の奨学金があるところを紹介してそこにつなげる、夜間で保育士になれるような学校もあるのでそことつなげるといった話が出ました。「もうダメだ」と諦めるのではなく、可能性はたくさんあるので、具体的に情報をしっかり把握して、それを生徒に伝えていくということが必要ではないかと感じています。

松高の取り組み（図11　優しいチカラの構造）のなかにあるDタイプの学びをどうするかということですが、社会とつなげていく方法はたくさんあります。たとえば地域の企業の社長さんに協力してもらい、週に一日職業体験をするような取り組みもあれば、教員側が情報をつかみ、それを紹介してあげるような取り組みもあります。松高の場合は、生徒ができるだけ社会に出て行き、自ら取材をして声を聴き、リサーチをして、どのような社会を目指すべきか直接学ぶといった方

法を大事にしています。

さいたま市の中学校教員のかたのお話はすごく共感できます。たとえば文科省のウェブサイトのスクールソーシャルワークのページを見てみると、生活の貧困といった問題がすっぽり抜けています。不登校対応等、学校にとってマイナスになる問題ばかりを問題にしようとして、それにどう対応するかということに終始しています。子どもの目線に立ち、子どもの生活実態を把握しそれをより良くするにはどうすれば良いかという、本来のソーシャルワークの概念とまったく違ったところに立脚しているような気がします。

それから、大衆の意識というのはなかなか変わらないです。変わらないというか、変えることが非常にむずかしいです。

大内先生がご指摘くださった通り、繰り返し発言し、そして少しずつ風穴を開けていくというかたちが必要です。そして具体的に自分たちが共感できるところにつながり、そこから風穴が広がっていきます。

小林：ありがとうございました。それでは本日のシンポジウムはこれで終了させていただきたいと思います。若者の貧困が非常に深刻な状態になっていて、日本社会全体が中間層の解体という非常に大きな局面に直面していることがよく分かりました。そのなかで、マクロの問題としては教育への公的予算がとにかく足りないという状況が明らかになったと思います。こういったマクロの状況を変えていくこととともに、たとえばＮＰＯの取り組み、あるいは学校の取り組み、さらにそれらと行政側との連携でいろいろな取り組みを実施していくといったミクロでの努力がいかに大切であるかということも教えていただいたように思います。また個人的には、教育学に携わる者としての社会的な責任を改めて教えられたシンポジウムでもありました。三人の講演者の皆さまに心から感謝するとともに、本日参加してくださった皆さま、本当にありがとうございました。

「若者と貧困」についての若干の補足

早稲田大学教育・総合科学学術院教授　油布　佐和子

福祉や社会保障に関心のある人々が長い間取り組んできた「貧困」は、今や、家族、教育、雇用のあらゆる領域を貫く重大な問題として認識されるようになっています。シンポジウム企画に至った若者と貧困の実態と教育の課題を、ここで補足します。

一、教育と貧困

(1) 進学と家庭の経済格差

二〇一四年度の高校進学率は、九八％（通信制も含む）でした。高校教育はほぼ義務教育に近づいたといわれますが、残る二％の実数がおよそ二万人だということや、中卒で社会に出ていく子どもたちがその後どのような生活を送るのか、気にかける人はどれだけいるでしょうか。

高校に進学する九八％の子どもたちの在り方も一様ではありません。

進学率の上昇を受け、一九七〇年代末より高校制度改革が行われ、全日制・定時制・通信制の高校に、普通科、商業科や工業科等の専門学科、総合学科、単位制の高校などが設置され、高校の多様化が進んでいます。また、このとき高校の入学難易度と生徒の家庭の経済的背景にかなり明確な相関があることは、さまざまな資料によって明らかにされてきました。図12は、シンポジ

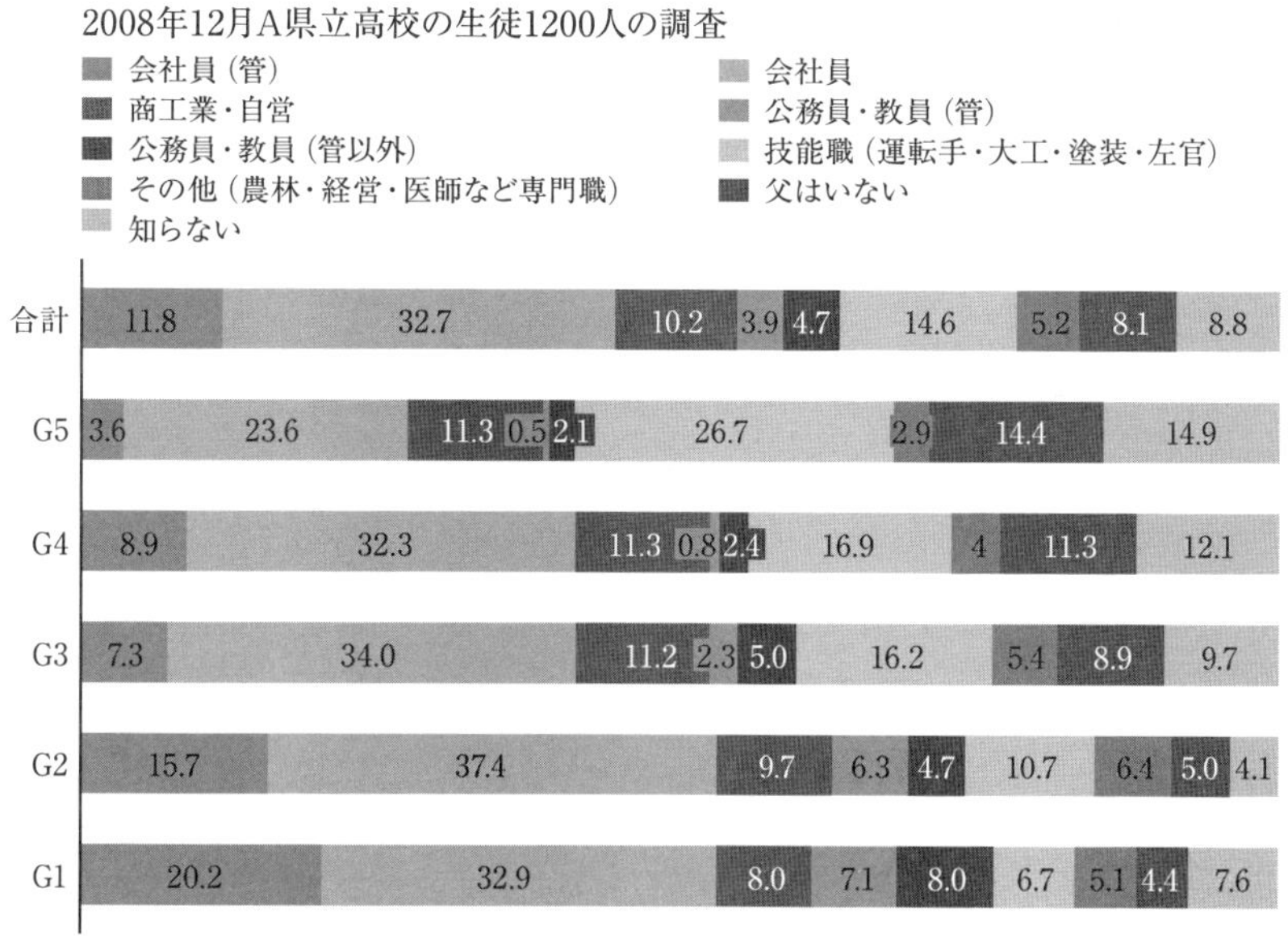

出所）講演者　青砥氏提供資料

図12　父親の職業と格差

ストの一人、青砥恭氏によって提供された資料です。Ａ県の高校の入学難易度別に、父職との関係をみると、高所得を予想させる職業に就いている父親をもっている生徒が入学難易度の高い高校に集中していることがわかります。進学機会は、家庭の経済状態によって異なっているのです。

(2) 財政的支援の現状

教育が、家庭の経済状況に左右されているとすれば、家庭的に恵まれない子どもたちは、教育を受けるうえで不利益を被っていることになります。

日本国憲法第二十六条第二項では「教育の義務」として、「すべて国民は、法律の定めるところにより、その保護する子女に普通教育を受けさせる義務

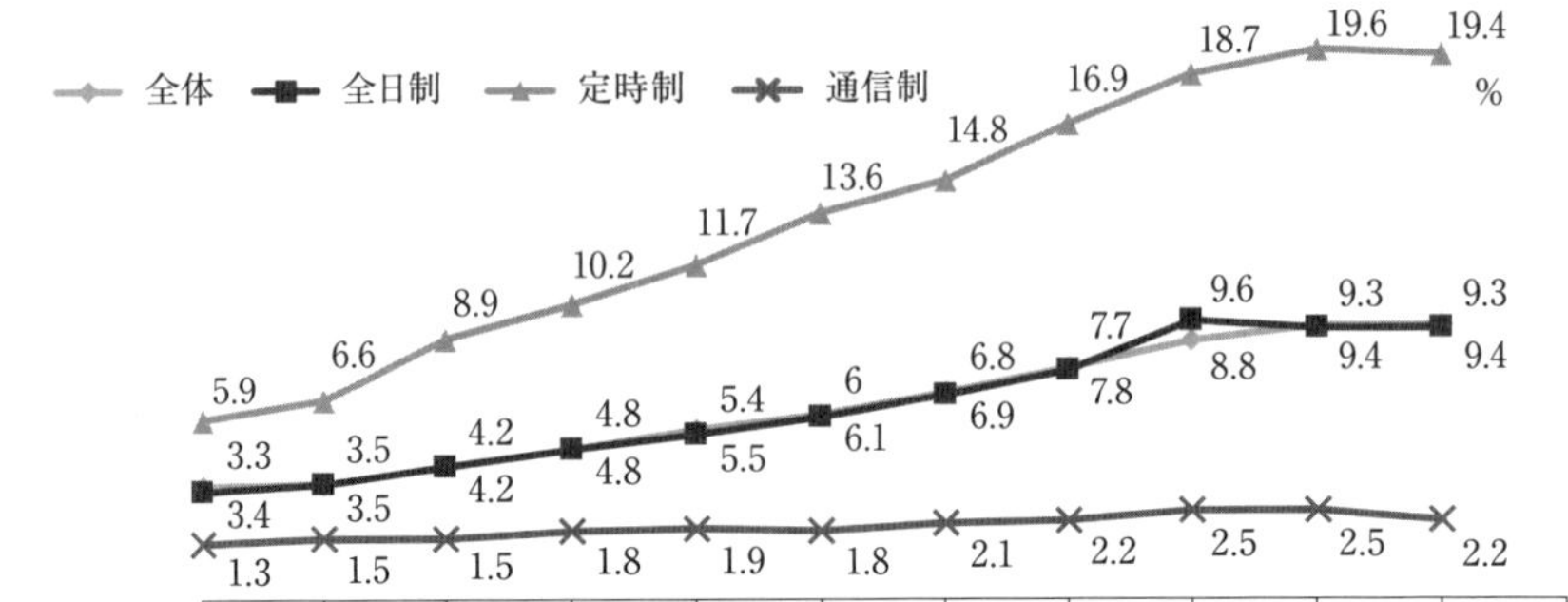

	1996	1997	1998	1999	2000	2001	2002	2003	2004	2005	2006
全体	3.4	3.5	4.2	4.8	5.5	6.1	6.9	7.8	8.8	9.4	9.4
全日制	3.3	3.5	4.2	4.8	5.4	6	6.8	7.7	9.6	9.3	9.3
定時制	5.9	6.6	8.9	10.2	11.7	13.6	14.8	16.9	18.7	19.6	19.4
通信制	1.3	1.5	1.5	1.8	1.9	1.8	2.1	2.2	2.5	2.5	2.2

出所）藤本典裕（2009：122）より筆者が図表化

図13　授業料減免者数の推移

を負う。義務教育はこれを無償とする」と明記されています。このために、教育基本法・学校教育法で、義務教育段階では、経済的理由で就学が困難な児童生徒には、その保護者に対して学用品費や給食費などを支給する「就学援助」の制度が規定されています[1]。しかしながら、高校は義務教育ではないため、この就学援助制度が適用されません。代わりに、経済的に困難な生徒に対しては、入学後に支払わねばならない入学金と授業料について減免制度が整えられています。

図13に示すのは、高校における授業料減免者の推移です。

図表からもわかるように、第一に、次第に減免者割合が高まっています。これは、困窮する生徒の増加を示しているのはいうまでもありません。第二に、減免者は、通信制＜全日制＜定時制の順に、その割合が多くなっていることが

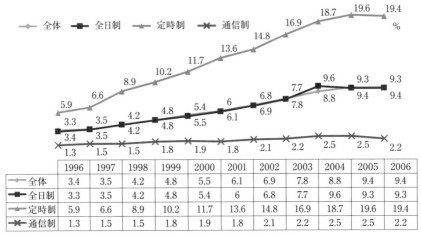

わかります。また、同じ全日制の高校であっても、入学難易度の低い学校で、減免制度の申請者が多くなっています。

ところで、このような公的援助、すなわち義務教育段階の就学援助や高校における授業料の減免制度については、留意しておかねばならないことがあります。

それはまず、一定の条件を満たした人すべてに、自動的に公的援助が行われるわけではない点です。援助を受けるには、申請をすることが第一ですが、このような制度の存在そのものを知らない保護者もいます。貧困問題に取り組んでいる湯浅は、生活困窮者の何割かが生活保護を申請するが、認められるのはそのうちの何割かであり、統計として挙がってくるのは、この認められた申請者に過ぎないことを指摘しています。実際にどれほどの生活困窮者が存在するのか、その捕捉率は正確にはつかめていません[2]。就学援助や授業料の減免制度についても、同様のことが指摘できるでしょう。

また、第二にこの減免制度の内容、すなわち減免基準や免除額は、高校を設置する自治体によって異なっていますが、小泉内閣当時の「構造改革」以降、地方財政の財源が縮小されたことから、減免のための条件は狭められてきています。

公的支援が縮小していることに付随して第三に、減免者の周辺部についても、近年、厳しい状況が押しよせています。減免措置を受ける／受けないのボーダー付近にいる生徒が、こうした状況のなかで苦境に立たされているのです。授業料を滞納している生徒について、複数の自治体で、保護者に授業料未納の法的失効や生徒に対する出席停止、退学処分・除籍処分を行う動きも出て

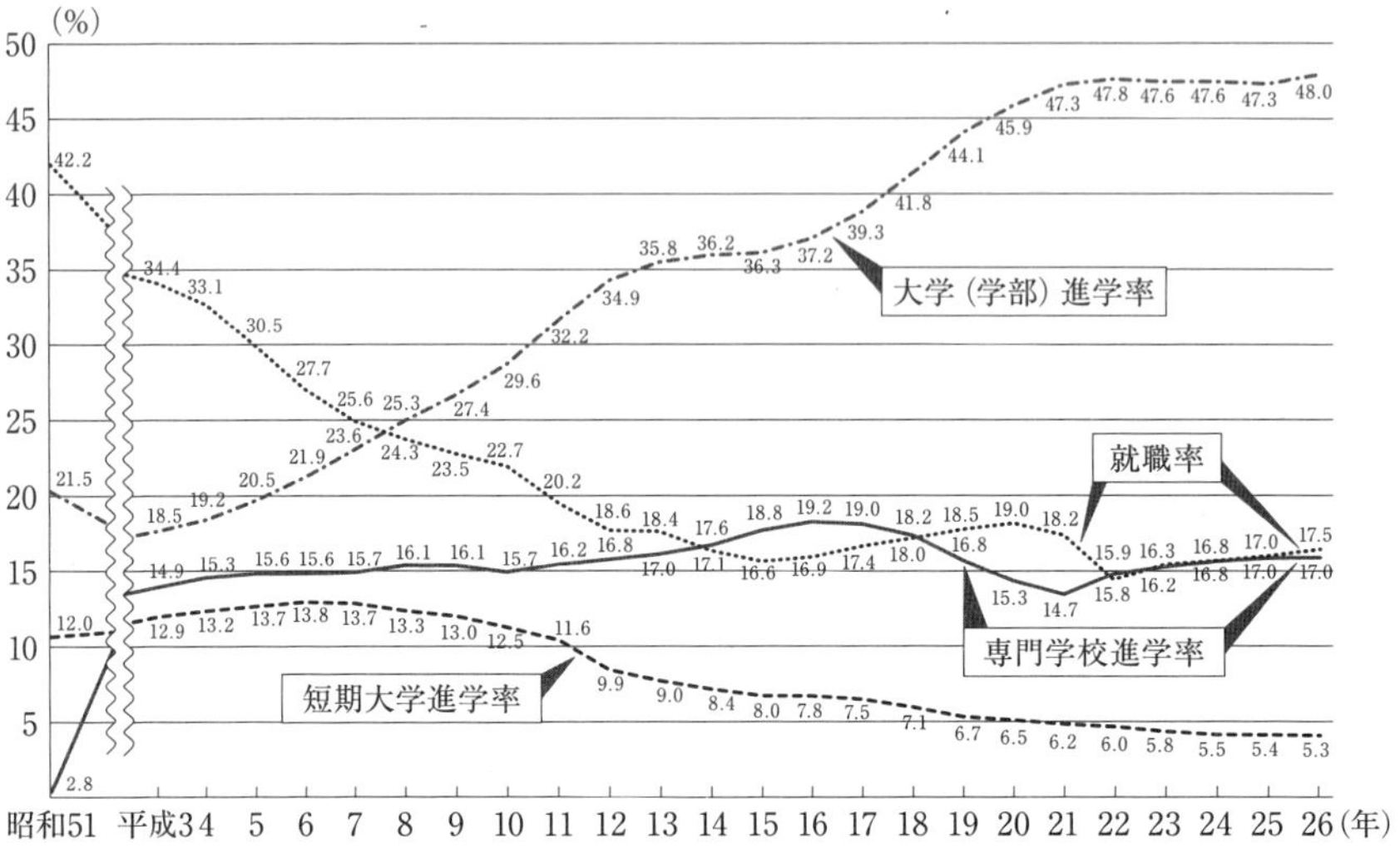

出所）文部科学省　平成26年

図14　新規高等学校卒業者の進路状況の推移

いるそうです（近藤　二〇〇九）。こうしたペナルティを課せられる前に、自分から中退を選択していく生徒も存在するのはいうまでもありません[3]。

最後に、公的な支援の縮小を奨学金によって補填しようとする政策の現実についても、言及する必要があるでしょう。奨学金を得て高校や大学に通った場合には、どのような問題が待ち構えているでしょうか。それについては、今回のシンポジウムの大内氏の報告に詳しく述べられています。奨学金は、今や巨額のローンとなり、生徒は若いうちから負債を抱えたまま、社会人としての一歩を踏み出さねばならない状況になっているのです。

どのような家庭に生まれてくるのか、子どもはそれを問えません。そうした家庭に生まれたのが不運だったといわんばかりの現実、課題がここには存在しているのです。

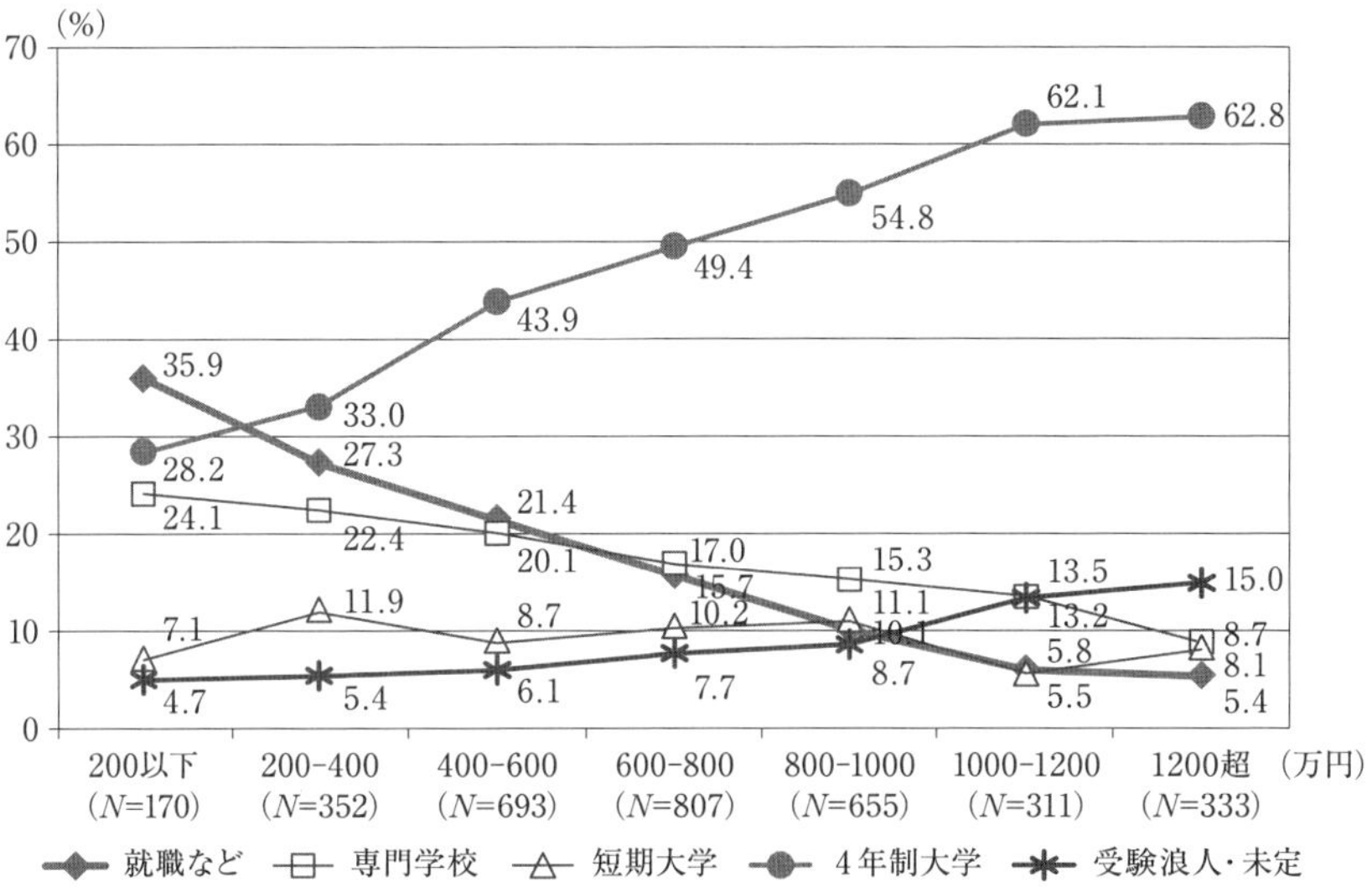

出所)「高校生の進路追跡調査」東京大学経営・政策研究センター

図15　両親年収別の高校卒業後の進路(所得階級7区分)

二、学校から職場へ――高卒後の進路――

中退や除籍等にならずに高校を卒業した場合、その進路はどのようになっているのでしょうか。

図14にみるように、近年の大学等への進学率は上昇の一途をたどっており、新規高卒就職者は二〇%未満です。大学入学定員が進学希望者を上回った現在、行く大学を選ばず、学費を出せるのであれば、すべてが大学に通える時代になったといわれています。このとき、金子らが行った調査によると、大学に進学できるかどうかは、家庭の経済状況によって大きく異なっていることがわかっています(図15)。

一方、就職を希望する生徒には、近年厳しい状況が待っています。図16に示したのは、新規高卒者内定率で、一時期の低迷期を脱し、七〇%を越えたことが報告されて

○　今春の新規高卒者の就職環境は，回復しつつも厳しい状況（11月末）。
・就職内定率は73.1%。前年同期差2.5ポイント増。
・就職内定者数　12万4千人（前年同期比4.5%増）

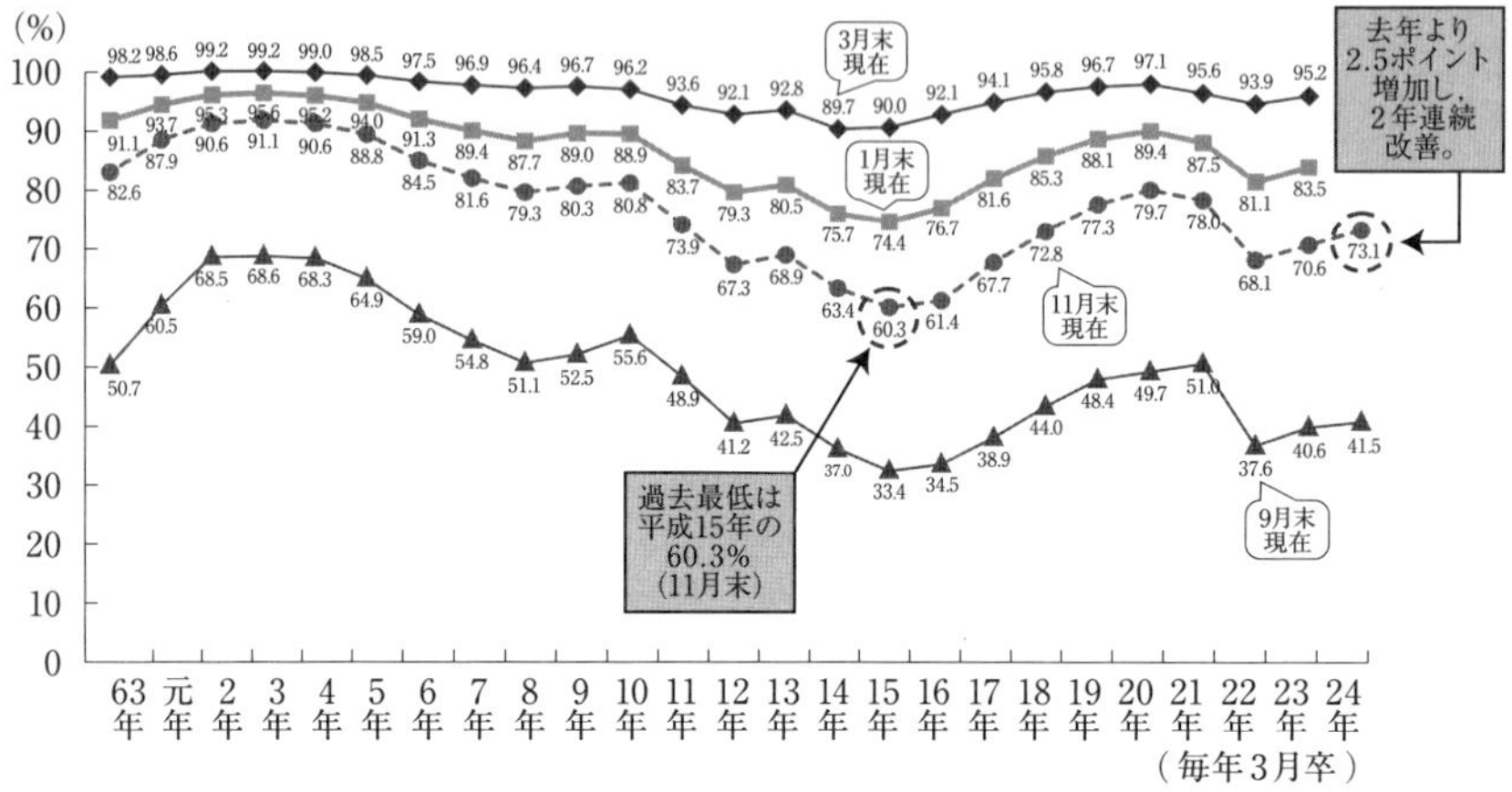

資料出所）職業安定業務統計
注）求職者数とは，学校又は公共職業安定所の紹介を希望する者の数
出所）厚生労働省　平成23年

図16　新規高校卒業者の内定率の推移

います。

ただし、これは手放しで喜べることではありません。

第一に、都道府県によって非常に大きな偏りがあるからです。富山県や愛知県などでは内定率が八〇%を優に超えるのに対し、沖縄は四〇%未満で、北海道はやっと過半数程度です。

第二に、近年、若年離職者が問題になっていることで、高卒では三年以内に四割が離職することが明らかになっています。要するに、高卒で就職したものについては、卒業後三年までを視野に入れると、安定して雇用されているものは半数にはるかに及ばないのです。特に、小零細企業は、長時間労働や低賃金、不明瞭な労働条件から定着率が悪く、五人未満企業の離職率は六〇%前後に及ぶと指摘されています（乾 二〇一三 三四三頁）。

ここには、高校中退者や高卒者の多くが、安定した職業に従事することができないという現実があるのです。

三、貧困の世代的再生産とそれをもたらす要因

(1) 貧困の再生産

ここまでで論じたことは、〈家庭の経済背景―高等教育への進学機会―安定した職業への従事〉をめぐる現実でした。

社会学・教育社会学の階層研究においては、以前から〈進学を左右する家庭的要因〉〈職業選択における学歴の効用〉などが議論されてきました。そこでは、家庭の経済背景が高等教育への進学に影響を及ぼすこと、また、高等教育への進学が安定した職業へつながる可能性が高いことが明らかになっています。身分で社会的な地位が決まる社会・時代と異なり、近代の教育制度のなかでは教育機会が平等に開かれており、広く公正な競争が行われ、個人の業績によってその人の社会的地位が決定するという〈教育機会の均等〉と〈業績原理〉の原則が、成立したと言われています。しかしながら、現実には、家庭の経済状況によって、教育機会は不平等にしか与えられていないのです。

〈家庭の経済背景―高等教育への進学機会―安定した職業への従事〉のループは、それが世代を超えて循環することも指摘されています。たとえばこれが、不安定な雇用のなかで家庭をもつ

ことを強いられたとき、そうした人びとの子どもは、進学機会が制限され、親と同じように不安定な雇用形態に就くことになります。この負のループは、社会的な不平等の再生産を意味し、そのなかで人びとは貧困を脱することはむずかしくなります。

(2) 雇用の変化

さて、このような貧困のループは、日本の場合、一九九〇年代に入ってからの日本の「構造改革」と密接に関連しています。

一九九五年に日本経営者団体連盟（日経連）が、また、一九九九年に経済戦略会議が示したのは、それまでの終身雇用と年功序列の「日本的経営」を見直して、雇用の形態を多様化し、業績評価によって処遇を徹底させようとする提言でした。雇用形態の多様化とは具体的には、「長期蓄積能力活用型」「高度専門能力活用型」「雇用柔軟型」です。ここでの「雇用柔軟型」は、景気の変動によって労働力の調節の対象となる非正規雇用やパートタイム労働を意味しています。こうした雇用形態の変化が、ネットカフェ難民やワーキングプアと、それへの転落を予期する層を制度的に生み出しているといわれています。

一九九九年には、労働者派遣法が改正され、二〇〇三年には労働者を派遣できる範囲が製造現場にまで広がり、派遣労働者は一気に増加しています。それまでの日本の「年功序列」に基づく「終身雇用」の、いわゆる「日本的経営」における、それなりに安定した雇用が一気に転換したのです。こうしたなかで、若者にも、彼らの親世代にも非正規雇用が広がっているのです。

四、セグリゲーションと社会的排除

セグリゲーションとは、ある集団が空間的境界によって隔離・分離されることを示す概念です。平等で、差別や区別がないように見える日本も、実際は、目に見えぬセグリゲーションが進んでいるのではないでしょうか。

筆者が早稲田大学の学部のある授業で、就学援助などを中心に教育における貧困の講義をした後、少なからぬ学生が、レビューシートで「身の回りにそういう人たちがいなかったから、今日の講義内容は新鮮だった」というような感想を書いてきました。先にあげた「進学と家庭の経済状況」の項を読み返していただければ、その理由はすぐにわかると思います。早稲田大学の学生の多くが首都圏の中高一貫校や、進学名門校の出身であることを考えれば、彼らは、上の学校に進学するプロセスのなかで、そうではない人びとと、次第に交流する機会を失っていったと考えられるのです。

逆に、入学難易度の低い、中退者もかなりの数いるような学校では、生徒・学生たちの話のなかに、「ひとり親家庭」「奨学金の受給」「高卒後の就職」などが、当たり前に出てくる雰囲気もあるに違いありません。

進学が家庭の経済状況と関連しているので、それぞれの高校の内部では、学力はもちろん、交友関係、進路志望等々、生徒の類似度が高くなります。ある学校では、自分が裕福であることは取り立てて自慢するようなことではなく、別のある学校では貧しかったり、学校生活を送ったりするうえでさまざまな制限があることが「普通」であるという感覚も生まれるのです。このような意味での、実質的なセグリゲーション（分離）が進んでいます。
同時に、貧困は社会的排除とつながっています。貧困は単なる経済的問題ではなく、彼らがもっているはずの社会的諸関係から「引きはがされ」それを「失っていく」状況であると指摘されています（岩田 二〇〇八）。

高校中退者の実態や背景について研究した青砥は、彼らが中退ののち、多くの場合非正規雇用・パートタイムの労働者として転々と職場を変えて働くことになると述べています。彼らの状況は、経済的な困窮度の高い家庭状況から生じているために、そもそも多くが家庭に安定した基盤をもっていません。さらに学校・職場のどこにも居場所はなく、さまざまな「場」からフェードアウトし、社会的な参加の道を閉ざされていくのです。

彼らは「元生徒」ですが、現生徒ではないので、学校関係の統計には含まれません。度重なる転職では労働力調査でも明確に把握されることがありません。彼らは、統計の上でも消えていく存在となるのです。

貧困はこのように、社会から隔離されたり排除されて、その人の社会参加を困難にするのです。

五、教育と「貧困」—教育に何ができるか—

貧困は、雇用を中心として、家族、教育など多元的に問題が拡大するために、教育だけで解決できる問題ではありません。しかし、少なくとも、教育を通じて子どもたちの不利益を拡大させることがないように方策を立てることは必要でしょう。

就学・進学についての財政的な支援を怠らないことはいうまでもなく、また、学校と労働（教育と職業）の接続の在り方なども検討すべきでしょう。その他にも考えるべきことが複数あります。

第一は、近年頻繁にいわれている「自己責任論」の罠に陥らないことです。

近代の教育制度は、機会均等の理念のもとに作られているので、「希望する学校に進学できなかったのは」「就職が決まらなかったのは」、自分の努力が足りないせいだとする「自己責任論」が生まれるのも無理からぬ点はあります。しかしながら、「自己責任」とは、「他の選択肢を等しく選べたはず」という前提で成り立つ議論です（湯浅　二〇〇八　八二頁）。ここに取り上げて論じてきた「貧困」が、こうした基本的な前提を欠いていることは、改めていうまでもありません。

近年、早い時期から、職業世界に参入するために自分の適性と「職業の意味」を学び、「やりたいこと」をみつけて自己実現につながるようなキャリア教育が進められています。このようなキャリア教育観に立つ側から見ると、希望する職業を見つけられなかったり、職業に就けないこと、進学先を決定できないことは、その人の努力不足＝「自己責任」ということになってしまいます。これは、社会との関係を欠いた心理主義的な議論の上に展開されていることがポイントでしょう。ここで重要なことは、就きたい職業やそれにふさわしい能力・知識・技術を身につけたとしても、労働市場の状況如何では、必ずしも雇用されるとは限らない、ということなのです。

現在の社会状況・労働状況がどのようになっているのか、自分たちがもっている労働者としての権利や社会参加の権利はいかなるものか。むしろ必要なのは、このように「社会と私」を繋ぐ知識を教授することではないでしょうか。

これと関連して、第二に、「個人責任論」の内面化を防ぐことも重要です。経済的に苦しく、社会的な関係から排除された人びとは、時として肯定的な自尊感情すらもちえなくなると、多くが指摘しています。問題なのは、不利益を被っている当事者が、その不利益を受容していく仕組みなのです。

ボウルズとギンタスは、専門技術＝能力主義イデオロギーが学校のなかに浸透しており、生徒は自分の能力を測られる経験を日々積んでいくなかで、社会的に不平等な地位に配分されたとしても「仕方ない」「分相応だ」というような、不平等を正当化するような意識を身につけていくと指摘しています。学校教育のなかで、空気を吸うように、児童・生徒の意欲や関心を失わせていくのであるとすれば、教育は犯罪的ですらありえます。

教育が子どもたちの不利益を拡大することのないように、教育に携わる人びとが考え行動すべき点は少なくないのです。

注

（1）義務教育段階における、あるいはそれ以前の「子どもと貧困」を論じる課題は多いが、本シンポジウムは「若者と貧困」であるため、義務教育以降の課題に限定して論じている。

（2）湯浅誠『反貧困』岩波新書。実際に生活保護の申請に行っても、それぞれの自治体の財政難によって、職員が〈水際作戦〉を展開し、近年は申請を受け付けられないことが多いと指摘している。

（3）青砥恭『中途退学』参照

参考文献

近藤満　二〇〇九　公立学校の授業料問題　藤本典裕・制度研編　『学校から見える子どもの貧困』大月書店
金子元久　二〇〇九　東京大学大学院教育学研究科・大学経営・政策研究センターで行った「高校生の進路についての調査」
青砥恭　二〇〇九　『ドキュメント高校中退　今貧困が生まれる場所』ちくま新書
湯浅誠　二〇〇八　『反貧困』岩波新書
岩田正美　二〇〇八　『社会的排除　参加の欠如・不確かな帰属』有斐閣
藤田典裕・制度研編　二〇〇九　『学校から見える子どもの貧困』大月書店
『貧困研究』　二〇一三　vol. 11　明石書店
乾彰夫　二〇一三　『〈学校から仕事へ〉の変容と若者たち』青木書店

「早稲田教育ブックレット」№.12刊行に寄せて

堀　誠

早稲田大学教育総合研究所の活動史の中で、「教育最前線講演会シリーズ」が最初に企画されたのは、二〇〇四年十二月のことである。当時の石堂常世所長の発案であり、二〇〇九年度以降は年二回の開催となり、現在にいたるまで継続して行われているロングランのシリーズである。

スタート当時は不登校やいじめといった問題がさまざまに社会的にも取り上げられ、教育をめぐる重要課題となってきた。「教育最前線」の五文字は、そうした今日的な諸課題に積極的に向き合って行こうとの姿勢を示したネーミングに他ならず、その意図は毎回のタイトルの中にうかがうことができる。

二〇一二年七月に開催したシリーズⅩⅣでは「子供の貧困と教育」をテーマとしたが、日本の子供の七人から六人に一人が教育的貧困の中にあると報じられたとき、多くの人々が耳を疑ったものであろう。二〇一四年七月のシリーズⅩⅧ「若者の貧困と学校」の企画に当たっては、学校をめぐって浮上する「若者」の現実的な問題を直視することになった。

色彩をあらわす語は生活の中でさまざまな意味概念を付与して使われているが、「ブラック」はその典型でもある。コーヒーを「ブラック」で飲むといえば通の意味合いもある一方で、悪徳・悪質・非合法といった社会通念的に否定的な意味をも表す。学生を含めた若者の社会生活に「ブラックバイト」をはじめ、奨学金にまでブラックさがしのびこんでいるとは思いもよらなかった。

当日は小林敦子先生の司会のもとで、大内裕和先生、青砥恭先生、菊地栄治先生にご講演いただき、質疑の場を設けた。本ブックレットはその記録の意味をもつものであり、刊行に際しては、コーディネーター役をお願いした油布佐和子先生にも補記の形でご参加いただいた。万事にご快諾いただいた先生方にあらためてお礼申し上げるとともに、多くの方々にお読みいただけることを期待してやまない。

（早稲田大学教育総合研究所　所長）

著者略歴（2015年３月現在）

小林　敦子（こばやし　あつこ）
早稲田大学教育・総合科学学術院教授　博士（教育学）
略歴：東京大学大学院教育学研究科博士課程単位取得退学。京都大学人文科学研究所助手、早稲田大学教育学部専任講師、助教授を経て、現職。

大内　裕和（おおうち　ひろかず）
中京大学国際教養学部教授
略歴：東京大学大学院教育学研究科博士課程単位取得退学。松山大学人文学部講師、助教授、中京大学国際教養学部講師を経て、現職。

青砥　恭（あおと　やすし）
ＮＰＯ法人さいたまユースサポートネット代表理事
略歴：元埼玉県立高校教諭、明治大学非常勤講師。二〇一一年、ＮＰＯ法人さいたまユースサポートネットを設立。著書・編著に『日の丸・君が代と子どもたち』（岩波書店）、『ドキュメント高校中退』（筑摩書房）など。

菊地　栄治（きくち　えいじ）
早稲田大学教育・総合科学学術院教授
略歴：東京大学大学院教育学研究科博士課程単位取得退学。国立教育政策研究所総括研究官、早稲田大学教育学部助教授を経て、現職。

油布　佐和子（ゆふ　さわこ）
早稲田大学教育・総合科学学術院教授
略歴：東京大学大学院教育学研究科博士課程単位取得退学。日本学術振興会特別研究員、福岡教育大学講師、助教授、教授を経て、現職。